CampuStory 1

7인 7색의
성찰과 방향

코로나19 시대의 캠퍼스 & 청년 사역

박정우, 석종준, 신동식, 김유준
이종철, 김태형, 나영호 지음

ⓦ 우리시대

제목: 7인 7색의 성찰과 방향

부제: 코로나 19 시대의 캠퍼스 & 청년사역

지은이: 박정우 외 6인

펴낸이: 신덕례

펴낸날: 2020년 10월 23일

펴낸곳: 우리시대

디자인: 김선

교열교정: 허우주

편집: 권혜영

유통: 기독교출판유통

ISBN 979-11-85972-32-9

SET ISBN 979-11-85972-31-2

경기 고양시 덕양구 마상로 102번길 53 우리시대

SNS f/ woorigeneration

email woorigeneration@gmail.com

7인 7색의
성찰과 방향

코로나19 시대의 캠퍼스 & 청년 사역

· 차 례 ·

추천의 글

서문

· 추천의 글 ·

대학교 복음화를 위해 힘쓰시는 사역자들이 『7인 7색의 성찰과 방향』을 출간하게 됨을 축하합니다. 기존 교회들이 감당하지 못하는 대학복음화를 위해 각고의 노력을 하시는 사역자들의 수고를 기억하고 있습니다.

코로나19라는 전염병의 창궐로 교회와 학원복음화 사역의 생태계가 많이 흔들렸습니다. 지난 9개월은 전염병이 준 위축도 있었지만 기존의 목회를 돌아보면서 교인들의 신앙을 평가할 수 있었습니다. 흔들림 없이 신앙생활을 감당하는 성숙한 사람이 있는가 하면 작은 어려움에 흔들린 교인들도 있었습니다. 이런 일은 대학생 기독신자들도 비슷하리라 봅니다.

전염병은 우리에게 선교(목회)의 방향으로 일대일을 통한 신앙훈련과 점검의 필요성을 알려주었습니다. 개인이 예수님의 십자가 복음에 감격하며 지속적으로 성경에 잡혀 사는 성경적인 영성이 있어야 합니다. 성경적인 영성훈련이 안 된 사람들은 전염병과 같은 위기가 오면 언제든지 넘어질 수 있습니다. 학원사역을 하는 사역자들은 대중사역과 더불어 일대일 훈련과 신앙의 성숙을 점검하는 사역을 해주시기 바랍니다.

한국교회의 아쉬움은 복음을 녹여내는 삶이 부족한 것이었습니다. 의롭다고 인침 받은 백성으로 소금과 빛으로 사는 능력이 부족했습니다. 그 결과 세상으로부터 종종 조롱과 빈정거림을 받는 아픔을 경험했습니다. 학원 사역자들이 이 점을 기억하면서 대학생들에게 구원의 확신과 함께 구원의 삶을 살 수 있도록 세밀하게 점검해 주시면 좋겠습니다.

일시적인 전염병은 하나님의 나라 선교를 훼방할 수 없습니다. 하나님은 하나님입니다. 복음은 그 자체가 능력이자 생명입니다. 지금 위축된 환경에 함몰치 말고, 하나님의 나라 선교사임을 재무장하면 좋겠습니다.

청년 사역자 여러분들을 통해서 천국이 확장되어 갑니다. 청년 사역자들을 진심으로 사랑합니다.

김기선 목사 / 석관중앙교회 담임목사

무지(無知)가 죄가 될 때가 있다. 특히 지도자의 무지는 역사의 비극을 낳을 수도 있다. 그러나 그 위험한 무지의 기준이 굉장히 모호하다. 뉴노멀, 포스트 코로나, 4차 산업혁명, 신냉전(미국 vs 중국) 등으로 불리는 새로운 시대를 살아가는 우리에게 무지의 기준은 무엇일까?

우리는 하나님에 대해서 충분히 알고 있을까? 우리는 다음 시대를 책임질 만큼 알고 있을까? 우리는 다음 시대에 행동하는 정의가 될 만큼 충분히 훈련하고 있을까? 분명한 건 한국교회도 청년들도 이전 세대와 같아서는 다음 시대에 밝게 빛나는 빛, 잡미 없이 맑은 짠맛을 낼 소금이 되기는 어려울 것이라는 사실이다.

그런 의미에서 이 책에는 새로운 신학과 대응방안에 대한 신학적 투쟁과 시대적 성찰이 담겨있다고 생각한다. 이런 투쟁과 시대적 성찰 없이 우리는 새로운 미래를 열 수 없을 것이기에 이 책은 새로운 미래를 열기 위한 분투이다. 이런 분투만이 우리에게 닥친 새로운 미래로 나아가는 길을 열어줄 것이기에 이 작업에 참여한 모든 분들께 존경을 표한다. 또 이런 노력이 앞으로 더 많이 일어나기를 소망하고 응원한다.

배석현 목사 / 장석교회 청년부 담당

지금은 '코로나 19' 바이러스로 인해서 모두가 예상하지도 못했던 어려움을 겪고 있습니다. 정치, 경제, 사회, 문화, 교육 등 모든 영역에서 '코로나 19'라는 불청객이 지대한 영향을 미치고 있습니다. 비대면 시대의 개막과 일상화라는 시대적 도전 앞에서 많은 사람들이 당황하고 있습니다. 또한 A.I.로 대변되는 정보혁명과 아울러 로봇의 인간 대체가 가속화되며, 인간 소외, 빈부 격차의 극단화로 인해, 예기치 못했던 자본주의의 모순들이 더욱 가속화할 것입니다. 새로운 시대적 사명을 탐구해야 하겠습니다. 예수 그리스도의 복음을 전하는 사역의 현장도 사역자뿐 아니라 돌보아야 하는 학생들에게도 이 시대는 어떻게 준비해야 할지 모르기는 서로가 똑같을 것 같습니다.

그러므로 특별히 젊은 영혼들에게 예수 그리스도의 복음을 전하시는 사역자 분들의 고민이 적지 않은 것 같습니다. 처음에는 잠깐 지나가는 사태이겠거니 여겨지기도 했으나, 이제는 돌이킬 수 없는 새 시대의 개막일 수도 있다는 전망이 팽팽하고, 때로는 더 강력해 보입니다. 이 시국에 지난 수개월 동안 광운대학교 수요 채플에서는 평소 청년대학생들에게 복음을 전해온 현장 사역자들을 초청해서 "코로나 19 시국에서 성찰과 방향"이라는 주제로 기도하며 준비한 메시지를 함께 나누는 시간이 있었습니다. 그 결과 모두 일곱 분이 나누어준 지혜들을 한데 모아 이렇게 책으로 묶게 되었다고 하니, 참으로 귀한 일이라고 생각합니다. 함께 나누면 좋은 내용들이 많습니다. 본인 역시 대학교회에서 미약하나마 오랫동안 젊은 영혼들을 복음으로 섬겨온 사람으로서 응원의 마음을 보태고자 합니다. 하나님은 분명 이 '코로나 19' 국면에서도 우리 모든 인생의 주인이시고 역사의 주관자이십니다. 마땅히 이 국면을 통해서도 하나님의 우리를 향하신 선하신 뜻과 선물은 반드시 있는 줄 믿습니다. 이 책을 통해서도 그 지혜를 함께 누리시고 하나님이 예비하신 길을 개척해 나가실 수 있기를 바랍니다.

이영조 교수 / 서울대 통계학과, 서울대학교회 상임운영위원

코로나19로 인해 캠퍼스는 대면에서 비대면의 세상으로 변화되고 있다. 비대면 신입생 오리엔테이션, 비대면 강의와 비대면 팀모임이 중심이 되면서 캠퍼스 사역은 충격을 넘어 새로운 길을 찾아야 하는 숙제에 직면해 있다.

이 책은 캠퍼스 현장에서 코로나19를 직면하고 있는 청년사역자들이 모여 고민한 것을 나누고 있다. 코로나19로 직면한 문제의 본질과 이를 극복하기 위한 방안을 나누고 있다. 혼란의 시기에 깊은 성찰을 통해 하나님의 메시지를 찾아야 한다는 도전을 하고 있으며 캠퍼스 공동체가 함께 대응해 나가야 할 것을 도전하고 있다.

빠르게 변하고 있는 캠퍼스사역의 현장에 더해진 코로나19의 충격에도 하나님의 새로운 역사와 캠퍼스의 부흥을 소망하고 기도하는 성도들에게 새로운 길을 제안해줄 것이라고 생각한다.

최영준 교수 / 경희대학교 교수, 경희캠퍼스열린예배 담임목사

COVID-19는 그동안 당연하고 익숙했던 일상을 멈추게 하면서 우리로 하여금 삶에 대한 근본적인 질문을 던지게 만들었다. 즉, 이 재앙이 우리에게 말해주는 바가 무엇인지, 하나님이 우리에게 돌이키기를 원하시는 죄는 무엇인지, 우리 각자가 그동안 하나님과 또 이웃과 어떠한 관계를 맺고 살아왔는지, 언택트 시대에 드려야 할 예배의 본질은 무엇인지, 앞으로 어떻게 공동체를 유지하며 살아갈지 등등이다. 사회적 거리 두기로 모이기 힘든 이때에 우리의 마음이 하나로 모아지게 해준 이 책은 광운 수요채플에서 '포스트 코로나19 시대의 캠퍼스와 청년 공동체의 성찰과 방향'의 시리즈 강연을 묶은 글이다. 이 책을 읽으면서 비슷한 질문들을 가지고 씨름하고 성찰해온 믿음의 동역자들이 있다는 것이 너무도 든

든하고 감사했다. 이 책의 저자들은 캠퍼스 목회자, 교수, 선교단체 간사들로서 이러한 질문들에 대한 깊은 성찰을 담아 포스트코로나 시대에 젊은이들이 나아갈 방향을 제시하고 있다. 이 언택트 시대의 캠퍼스에서 어떻게 청년들과 컨택트할지, 어떻게 청년들에게 하나님의 사랑을 전할지, 어떻게 이들에게 하나님의 생기를 불어넣어 하나님의 군대로 일으킬지에 대한 통찰력 있는 제안을 읽으면서 많은 도전과 함께 희망을 엿볼 수 있었다. 이런 분들이 캠퍼스의 보이지 않는 곳에서 기도하고 일할 때 우리나라에 믿음의 다음 세대가 힘있게 세워질 것을 믿어 의심치 않는다.

권정혜 교수 / 고려대 심리학과 명예교수, 전 고려대 기독교수회 회장

뜻하지 않은 코로나 시대를 겪으며 대학, 청년, 복음이라는 공통점을 가지고 고민과 성찰을 치열하게 한 7인이 각각의 깊은 성찰의 메시지를 책으로 출간하게 되었다니 참으로 기쁘고 감사하다. 누구나 코로나와 포스트 코로나 시대에 대한 고민은 하겠지만 그 깊이와 넓이는 각자가 처한 상황의 아픔만큼이나 차이가 있을 것이다. 언택트 시대, 비대면화가 일상화되어 버린 지금은 '코이노니아'라는 우리 기독공동체의 정체성이 그 어느 때보다 위협을 받고 있다. 특히 학생이 없는 대학캠퍼스는 캠퍼스 복음화를 위해 아무것도 할 수 없는 상황으로 내몰리고 있다. 하나님의 백성으로서 우리 자신을 돌아보고, 오늘 이 코로나시대를 통해 하나님께서 우리에게 주시는 메시지는 무엇인가를 먼저 깨우치고 회개하는 것이 성찰의 시간으로 중요할 것이다. 죄에 빠진 백성을 징계하시는 하나님의 목적은 멸망이 아니라 돌이켜 구원받도록 하시려는 하나님의 계획인 것처럼 우리를 대표하는 7인의 고민과 성찰을 통한 회개가 다시 캠퍼스를 살리고, 청년들을 하나님의 품으로 돌아오게 하는 마중물이 될 것을 기대한

다. 기독공동체는 세상을 움직이는 열쇠요 방향이요 정신이기에 일곱 분의 메시지를 통해 우리 공동체가 살면 세상도 살아나리라는 확신과 희망을 가져본다.

김충혁 교수 / 광운대학교 인제니움학부대학, 2020년 광운선교회장

그가 우리와 함께한 지도 벌써 한 해가 다 돼가고 있다. 이런 추세라면 두 해도 더 갈 것 같다. 생명이 잉태되어 탄생하고도 남을 시간을 우리는 그와 함께하고 있다. 믿지만 인류에게 익숙해진 코로나19! 언젠가 학생들과 스마트폰이 등장하면서 달라진 것들을 정리해본 적이 있다. 스마트폰은 엄청나게 많은 변화를 가져왔다. 코로나19는 스마트폰에 비할 수가 없다. 제3차 세계대전이라 할 만큼 수많은 사람들을 죽음으로 내몰고 있다. 지구촌 전체를 비대면 상태로 묶어버렸다. 그래서 어떤 이는 BC와 AD로 구분해왔던 인류사를 BC(Befor Corona), AC(After Corona)로 바꿔야 할지도 모른다고 한다. 그도 그럴 것이 그의 등장으로 우리의 삶은 너무도 많은 부분이 바뀌었다. 뭐, 일일이 언급하기가 어려울 정도다. 대학의 타격은 상상할 수 없을 정도다. 어떤 청년이 '서울대학교'에 입학했는데 한 학기 다녀보고 나니 '서울사이버대학교'더라고 해 한바탕 웃고 말았다. 모든 대학이 사이버대학으로 바뀌었다. 교회도 사이버교회로 바뀌었다. 교회의 타격은 너무도 크다. 우물쭈물, 우왕좌왕하다가 사회에 민폐나 끼치는 추한 꼴만 보이고 있다. 기성 교회에 염증을 느껴온 젊은이들은 교회를 떠나고 있고, 선교의 문은 점점 굳게 닫혀간다. 대학 안의 교회, 선교사 역할을 해온 캠퍼스 선교는 텅 빈 캠퍼스 운동장에 멈춰버린 버스 같은 모습이다. 선교할 대학생들을 만날 수가 없게 됐고, 교회의 후원도 기대하기 어렵게 됐다. CCC동아리 지도교수를 맡아오다가 대학을

떠나면서 벌어진 이 상황은 내게 너무도 황망하다. 이제 깊이 성찰하면서 달라진 상황에서 무엇을 어떻게 할지 새로운 방향을 모색할 때다. 코로나 19 이전 상태로 모든 것이 회복되기를 기도하는 이들이 적지 않은데, 내 생각으로는 그런 시절은 다시 오기 힘들 것이다. 그 사이에 삶의 환경도 달라지고, 사람도 달라졌기 때문이다. 이 시대를 'New Normal시대'라 하는데 이제 'New Normal'이 'Normal'이 되었다는 얘기다. 젊은이들이 줄어드니 교회마다 '다음 세대' 얘기는 많이 하지만, 캠퍼스 선교를 염려하는 이들은 적다. 평소 젊은이들을 사랑해온 일곱 분 저자들이 토해내는 일곱 색깔 무지개 같은 성찰과 방향의 목소리에 귀를 기울여본다. With Corona! With Jesus!

이의용 교수 / 전 국민대 CCC동아리 지도교수

· 서문 ·

코로나19 바이러스 감염병으로 세계가 혼돈이다. 마치 창조의 첫 순간에 있었던 혼돈처럼 느껴진다. 불과 몇 달 만에 대면방식(Contact)에서 비대면(Untact)으로 삶의 방식이 바뀌었다. 코로나19 시국은 오염된 하늘과 숲, 바다가 회복하는 역설을 보여주고 있다. 이를 두고 '자연을 오염시킨 인간이라는 바이러스를 제거하려고 자연이 코로나19 바이러스 특공대를 만들었다'는 자조 섞인 말을 하기도 한다. 의도하지 않게 모든 것을 멈추어야 하는 불편한 경험이다. 우리는 창조와 파괴가 공존하는 시간을 살고 있다.

지금은 깊은 성찰에 몰입하여 하나님의 메시지를 찾아야 하는 시기이다. 이 고난의 시간이 언제 끝날지 예측하기 어렵지만, 예기치 않은 현재의 고난도 언젠가 끝나는 때가 올 것이다. 그때, 새롭게 피어날 세상의 봄과 영적인 봄을 기대하며 성찰의 씨앗을 다시 뿌려야 한다. 성찰을 통해 얻게 될 하나님의 메시지는 미래의 나침반이 되어 우리가 가야 할 방향을 알려 줄 것이다.

제1부는 코로나19 시대의 현상과 문제를 총론적인 관점에서 본 강연자 세 분의 글이다. 광운대학교선교회 교목, 우리동네교회 코디네이터인 박정우 목사의 '디지털 뉴딜, 그린 뉴딜, 그리고 공동

체의 빅딜'은 코로나19 바이러스의 의미, 정부와 대학당국의 반응, 그리고 캠퍼스 선교단체와 청년공동체가 경험하는 현상을 정리한 글이다. 서울대학교 캠퍼스 선교사(前 서울대학교회 목사)로 활동하고 있는 석종준 목사는 '코로나 19 정국에서 캠퍼스 복음 사역의 의미와 방향'을 진단했다. 기독교윤리실천운동 자발적 불편운동본부장, 문화와설교연구원장과 기독교세계관 운동을 하고 있는 신동식 목사가 '코로나19 시대 지혜로운 교회생활'을 살펴보았다.

제2부는 코로나19 시대를 극복해나갈 방법과 사례의 각론으로 강연자 네 분의 글이다. 신촌 지역에서 캠퍼스 사역 전문가로 활동하며 연세 차세대연구소 소장, 은진교회 담임 목회를 하고 있는 김유준 목사가 '주의 은혜의 해를 실천하는 희년 공동체'라는 주제로 공동체 정신의 본질적 회복을 위한 희년정신을 제시해준다. 광운대학교 전자정보공과대학 학장과 광운선교회장으로 섬겼고 노래하는 테너 과학자로 활동하는 이종철 교수가 대학 강의와 연구현장의 경험을 토대로 '코로나 19 이후의 대학교육'을 썼다. 지역에서 등대처럼 자리를 지키는 석관중앙교회 김태형 목사의 '하나님이 이기십니다: God wins'는 코로나19 상황에 반응하는 동네교회 청년공동체의 현실과 청년 사역자로서 고민과 방향을 담은 설교형식의 글이다. 마지막으로 대학생 때부터 시작하여 현재까지 캠

퍼스 전도와 제자양육, 연합사역의 자리를 지켜오고 있는 UBF 선교단체 나영호 간사의 글을 담았다.

이 책은 광운수요채플에서 행한 '포스트 코로나19 시대의 캠퍼스와 청년 공동체의 성찰과 방향'의 시리즈 강연을 묶은 글이다. 저자들은 목회자, 교수, 간사로서 20~30년 이상 캠퍼스와 청년공동체를 사역하고 있는 현장의 산 증인들이다. 이 책이 코로나19 시국에서 하나님 나라를 갈망하고 다시 세워가려는 캠퍼스 및 청년공동체에게 주님의 격려가 되기를 기도한다.

광운수요채플과 시리즈 강연준비를 함께 해주신 김형석 교수, 김준엽 선생, 이태빈 간사, 서형석 간사, 홍성찬 간사, Areni 자매와 출판의 소명으로 섬겨주신 우리시대 신덕예 대표와 가족들께 고마움을 전한다.

서울 월계동에서 편집자 박정우.

Deo Volente.

1부

코로나19 시대

디지털 뉴딜, 그린 뉴딜, 그리고 공동체의 빅딜

박정우 목사(광운대학교선교회 교목)

코로나19 정국에서 캠퍼스 복음 사역의 의미와 방향

석종준 목사(서울대학교 캠퍼스 선교사)

코로나19 시대 지혜로운 교회생활

신동식 목사(문화와 설교연구원장)

디지털 뉴딜, 그린 뉴딜, 그리고 공동체의 빅딜

(코로나 19시대, 전광석화 같은 변화의 필요성)

박정우 목사(광운대학교선교회 교목, PID Korea 한국대표)

그런즉 누구든지 그리스도 안에 있으면 새로운 피조물이라 이전
것은 지나갔으니 보라 새 것이 되었도다 모든 것이 하나님께로서
났으며 그가 그리스도로 말미암아 우리를 자기와 화목하게 하시
고 또 우리에게 화목하게 하는 직분을 주셨으니 곧 하나님께서 그
리스도 안에 계시사 세상을 자기와 화목하게 하시며 그들의 죄를
그들에게 돌리지 아니하시고 화목하게 하는 말씀을 우리에게 부
탁하셨느니라 그러므로 우리가 그리스도를 대신하여 사신이 되어
하나님이 우리를 통하여 너희를 권면하시는 것 같이 그리스도를
대신하여 간청하노니 너희는 하나님과 화목하라
(고린도후서 5장 17절-21절)

코로나19 시국의 현재 상황

2020년 초반만 해도 코로나19 바이러스는 인류가 정복할 또 하나의 바이러스쯤으로 생각했다. 의학적 매개변수쯤으로 치부했던 코로나19 바이러스가 제 모습을 인류 앞에 드러내자, 인류의 모든 경험과 기반시설을 무의미하게 만들었다. 코로나19 바이러스는 생존의 독립변수로서 인류를 종속변수화하여 점령할 태세다.

코로나19는 역사적으로 유례없는 전 세계의 경제·사회 전반의 위기를 가져왔다.

1929년부터 1930년대 중반까지 세계를 휩쓸었던 대공황 정도가 자본주의 250년 역사에 있어서 2020년 코로나19의 위기 상황과 비교 할 수 있을 뿐이다. 장하준 교수는 "현재 전 세계 경제가 1929년 대공황 때만큼 수축하지는 않았고, 건강 재난이 위기의 근저에 깔려있기 때문에 어떤 면에서는 대공황 때보다 더 큰 재앙이라고 볼 수도 있다"고 했다.[1]

인류의 역사는 전염병과의 투쟁의 역사다

메소포타미아와 이집트가 바이러스가 창궐하지 못하는 사막에 문명의 기초를 세운 때부터 중세 유럽을 초토화한 흑사병, 1918년 미국에서 시작된 스페인 독감, 1959년 아시아 독감, 1968년 홍콩 독감이 그 대표적 예이다. 인류는 바이러스를 극복하기 위해 백신을 만들었으나, 수천억 개의 바이러스 하나마다 백신을 만든다는 것은 불가능에 가깝다. 다만 인류를 위협하는 바이러스가 창궐할 때마다 대응할 뿐이다.

안타깝게도 코로나19의 대처를 위해 인류가 가진 지식과 경험은 거의 무용지물이 되었고 코로나19가 가져올 미증유의 미래를 가늠하기조차 어렵게 되었다. 그리고 아직 그 끝을 예단하는 것조차도 어려운 실정이다. 코로나19로 인류는 언택트 시대라는 새로운 문화 격변을 거치고 있다. 생존의 방식이 개인 경쟁 생존에서 공동체 공동생존 방식이 될 것이다. 국가 전체 구성원들이 공동운명체라는 사실을 확인했다.

코로나19 바이러스는 인간의 야만적 경쟁주의에 대한 자연의 엄중한 경고다

옥스퍼드사전은 '탈진실(post-truth)'을 2016년의 단어로 선정했다. 객관적 진실보다 감정이나 선동이 지배하고, 가짜가 진짜를 압도하는 세상이 되었음을 증명하는 것이다. 같은 해 뉴욕타임스 역시 2016년 대선에서 미국 역사상 감성적인 단어가 월등하게 많이 사용되었다고 했다. 절망, 분노를 일으키는 부정적 감성을 선동했던 트럼프가 긍정적 감성에 호소한 클린턴에게 승리했던 결과가 가리키는 지점도 예사롭지 않다. "악화가 양화를 구축한다"라는 그레샴의 법칙은 팬데믹 이후의 삶에 대한 불안을 가중한다. 칼 폴라니는 『대전환』(1944)에서 자본시장이 인간과 환경을 야만적 이기주의 지대로 만들자 고통받던 인간과 자연이 스스로 보호하기 위해 반시장 운동(자본주의에 반하는 사회주의)에 나설 것으로 전망했다. 무자비한 성장 자본주의의 확대는 이래저래 그 수명을 다해가는 듯하다.

냉전 시대에 자본주의와 공산주의의 이념 투쟁에서 승리한 이후 코로나19의 출현은 이미 예정된 것과 다름없다. 승자독식, 탐욕적 자본주의가 정글 깊숙이 지구에 산소를 공급하던 원시림을 황폐화하고, 남극과 북극의 영구동토층을 녹여버릴만한 야만적 이기주의가 잠자던 바이러스를 박쥐를 통해 수인성 전염이라는 매개로서 인간에게 접근할 길을 열어준 것이다. 자본주의의 승리는 자연을 정복하려는 또 다른 선전포고의 포문이었다. 코로나19는 단지 바이러스 퇴치 정도로 인류가 의료적 단합을 꾀할 단순한 문제가 아니다. 자본주의 선진국으로 세계

강대국으로 지칭했던 미국과 유럽이 코로나19 바이러스 앞에서 무너졌다.

백신 강국이 세계 리더십이 될 것이다

역설적으로 제국주의에 지배받던 베트남, 이티오피아, 인도 남부의 케랄라(Kerala) 주 등 지배를 받아오던 국가들이 코로나19 대응에 빛을 발하고 있다. 특히 K-방역으로 세계의 의료 모범국으로 올라선 대한민국은 진단키트와 방역 노하우를 수출하며 세계를 선도하는 국가가 되었다. 불과 5개월 만에 세계 리더십의 환경에 변화가 생겼다. 강대국의 개념이 의료기술에 따라 선별되고 있다.

이제는 자연과 함께 어울려야 한다. 교회가 "세상으로부터 구별되어 부름을 받은 자들"의 소명을 온전히 이루어야 한다. 소명 받은 공동체가 교회 밖에 있는 사람들과 사람 밖에 있는 자연과 어울려야 한다. 이것이 창세기 1장 28절에 세상을 만들고 사람에게 관리하라고 명하셨던 하나님의 존엄한 문화명령을 온전히 수행하는 것이다.

디지털 뉴딜

인류는 감염병에 '백신'과 '집단 면역'이라는 두 가지 방법으로 대응해왔다. 기본적으로는 시간과의 싸움이다. 그러나 코로나19 국면에서 시간은 인간 편이 아니다. 백신 사용은 신약개발 이후에 1상, 2상, 3상의 임상 실험을 거쳐 안전성이 담보되는 기간이 최소 8년 정도가 소비된다. 백신 개발이 되기 이전에 인간이 할 수 있는 제3의 백신이 사회적 거리를 두는 비대면(언택트) 백신이다. 수동적 소비적 비대면을 넘어 능동적이고 생산적 비대면이 중요한 백신 역할을 할 것이다. 비대면 백신을 가능케 하는 핵심 요인자가 디지털 기술이다.

초연결망으로 이루어진 세계(Hyper-connected world)는 인류의 현재를 이끌어왔다. 코로나19 국면이 초연결망 사회의 도래를 급가속화한 변수가 된 것이다. 1990년부터 등장한 지구촌화, 세계화 지향이 2007년 스마트폰의 등장으로 그 결실을 보았고, 2020년 현재 전 세계는 디지털로 하나가 되었다.

이것이 포스트 코로나19 시대를 대비해 정부가 추진하는 한국판 뉴딜 정책의 윤곽이다. 한국판 뉴딜 정책의 핵심은 'DNA+US'로 요약된다.[2] DNA(데이터·네트워크·인공지능

<AI>)는 과학기술정보통신부가 올해 대통령 신년 업무보고 주제로 꺼내들었던 AI 일등 국가 전략을 기반으로 한다. DNA는 기존 정보통신기술(ICT) 정책 방향을 강화하는 내용이다. US(언택트·디지털 사회간접자본(SOC))는 코로나19를 맞아 새롭게 도전하는 분야다.

Off-On line으로 플랫폼 전환 시대

한국은 1997년 IMF 이후 경제적 격변, 평생직장의 개념 파괴, 가구의 형태별 다변화 등 급격한 변화를 경험했다. 애플의 잡스가 2008년 터치 스마트폰 시대를 개척하며 '손 안에 컴퓨터'의 시대를 열었다. 포노사피엔스 시대가 시작된 것이다. 포노사피엔스의 언택트 사회를 선도적으로 주장하는 최재붕 교수는 "인간의 DNA는 생존률이 높은 것을 선택한다. 코로나19가 다시 와도 개인이 생존하려면 언택트 플랫폼인 스마트폰을 이용해야 한다. 지금 세계는 Hyper-networks(초 연결사회)가 되었다"[3]라고 주장했다.

언택트 사회로 문명의 변화를 수용하는데 코로나19가 기폭제가 되었다. 한국 국민들은 불편했지만 놀라운 속도로 off-on라인 플랫폼에 빠르게 적응했다. 사람은 경험한 것에 익숙해지면 과거로 돌아가지 않는다. 그리고 이것을 문화형식으로 수용하여 삶의 옷으로 바꿔 입는다.

대학교육 변화

코로나 상황이 우리의 일상에 미치는 충격은 넓고도 깊다. 분야에 따라 충격의 양상은 다르지만, 코로나는 파괴자이기도 하고 장애물이기도 하지만, 반성과 성찰의 촉진제이기도 하다.

코로나19가 대학에 미친 강력한 파장은 비대면 온라인 수업이었다. 첫 경험이었으나 유의미한 결과를 가져온 실시간 화상 수업은 더욱 확대될 것이다. 대학은 강의실, 연구실 등 물리적 공간을 매개로 교수와 학생이 교류하는 오프라인 시스템인데 대학의 수업이 강의실 중심의 대면 수업에서 가상공간의 온라인 수업으로 전환되었다. 코로나19 국면에서 대학의 역할과 필요성이라는 새로운 질문에 답을 해야 하는 상황에 이르렀다.

온라인 교육의 전향적인 확대가 대학의 새로운 경쟁을 촉진함으로써 대학 시스템 재편을 촉진할 것이다. 그러나 온라인 수업의 확대로 대학은 Off-On 라인 양방향 수업플랫폼으로 전환될 것이다. 여전히 온라인 수업으로는 충족될 수 없는 실험과

실습 등 대면 영역이 존재한다.[4]

 학령인구 감소에 따른 경쟁의 심화, 4차산업혁명에 따른 대학의 역할 변화, 코로나 상황으로 인한 온라인 교육의 확대 등 대학을 둘러싼 환경 변화로 대학이 미증유한 변화에 직면했다는 것은 분명한 사실이다. 코로나 상황이 아니더라도 대학은 이미 변화의 임계점에 도달했다. 특히, 사학이 전체 대학의 86.5%를 차지하는 상황에서 대학을 사적 소유권으로 간주하여 봉건적인 운영체제를 고집하면서 대학의 활동을 사회와 분리해 상아탑 안에 가두는 낡은 대학은 생존하기 어렵다. 미래의 대학구조는 국가와 지방자치단체의 재정지원을 받는 국공립대학의 비중이 높아지고, 사립대학의 변화 과정에서 교육과 연구에서 높은 수준을 확보하고 상당한 재정 조달이 가능한 사립대학이 증가할 것이다. 대학을 설립한 주체의 관점에서 사립대학의 설립이념이 존중받고 운영의 관점에서 공공성이 확보된 공영형 사립대학이 증가할 것이다. 대학의 존재는 국공립대학, 사립대학, 공영형 사립대학의 세 유형이 병존하는 방향으로 재편될 것이다.

생산방식의 변화

 위기가 언제까지 이어질지, 이후에 경제와 사회 질서가 어떻게 재조직될지 여전히 예측하기 힘들지만, 이후 많은 것이 큰 폭으로 변할 것은 분명하다. 대면 서비스, 노동집약적 제조업은 생산방식이 근본적으로 바뀔 것이다. 극도의 선택과 집중에 기반하는 국제적 생산망의 취약성이 드러나면서, 생산기지와 수입원을 다변화하여 예기치 못한 충격에 대한 대응력을 높이려하는 노력이 여러 나라, 여러 산업에서 일어나고 있다. 그리고 이번 위기를 통해서 투명하고 결단력 있는 정부의 개입이 얼마나 중요한지 드러나면서 대부분의 나라에서 정부의 역할이 확대될 것이다.

그린 뉴딜

인류의 생존을 위해 친환경 정책으로 명명되는 그린 뉴딜 정책이 정착되어야 한다.

그린 뉴딜로 얻을 수 있는 효과는 무엇일까?

첫째, 생태경제의 필요성이다. 팬데믹에 따른 경제활동 위축으로 공기와 물이 깨끗해지는 현상을 경험함으로써 경제와 환경 간 선순환 구조의 가능성과 중요성이 부각되고 있다.

둘째, 경기 부양 효과다. 그린 뉴딜을 위해 재정을 투입해야 하는 분야는 대부분 산업파급 효과와 고용유발 효과가 큰 사업들로서, 한국판 뉴딜의 다른 한 축인 디지털 기술과 융합이 가능한 스마트 SOC 사업들이다. 코로나19로 인해 각국이 국경을 폐쇄하였고 글로벌 공급망이 와해되고 있다. 이것은 새로운 무역질서 재편을 예고하는 전조증상이다. 자국 기업의 국내 회귀와 해외 첨단기업의 한국 투자를 위해서는 RE100(Renewable Energy 100%·기업이 사용전력의 100%를 재생에너지로 충당하는 것) 시장 변화에 발맞춰 재생에너지 발전 설비 확대와 계통망 구축이 필수적이다. 탄소를 줄이고 재생에너지 시장을 확대하겠다는 식의 분명한 목표 아래, 핵심 사업에 화력을 집중할 필요가 있다. 일회성·단기성 일자리를 늘리기보다는, 시장 확대와 기업 투자 유인을 위한 분명한 신호를 제공하는 정책이 우선돼야 한다.

생존을 위한 생태 문명으로 전환

지구 자연생태계에는 약 160만여 종의 바이러스가 존재하는 것으로 알려져 있다. 세계적으로 바이러스 감염병 대유행을 일으키고 있는 코로나19 바이러스도 그 중의 하나다. 20세기에서 21세기로 넘어갈 때쯤, 2002년 사스, 2009년 신종플루, 2015

년 메르스, 2019년 코로나19 유행으로 급변이 왔다. 감염병은 특정 지역에 제한되지 않고 세계적으로 번지고 있다.

코로나19의 세계적인 유행은 급속하고 광범위한 산업화(경제개발)와 이상기후 현상 등에 따른 자연생태계 파괴가 일차적 원인이다. 2000년부터 본격화된 전 지구적인 이동으로 인해 각종 이동수단을 통해 바이러스 감염병이 세계화가 되었다. 인류는 지금까지 취해 온 산업화 및 경제개발 일변도의 이른바 탐욕과 이윤 극대화를 위한 자본 지상주의 문명을 자연생태계 보전을 중시하는 생태 문명으로 전환하는 데 머리를 맞대야 한다.

생태 경제로 전환(재생에너지, 스마트 SOC)

생태 문명을 만들어야 하는 것은 생존의 문제가 되었다. 생태학자 최재천 교수는 "코로나 19는 사람들의 야만적인 지구 환경파괴가 원인이며, 정글 파괴로 인해 열대 박쥐가 온대 지방으로 이동하면서 자연스럽게 바이러스가 이동했을 것"이라고 했다. 지금 코로나바이러스 19는 이미 예견된 것을 지금 우리가 만나고 있을 뿐이라고 했다.[5] 대자연 생태계를 크게 훼손하지 않고, 기후변화에 친자연적으로 대응하며, 산림과 토양 생태계 파괴를 줄여나가는, 친자연 친환경 유기농 생태문화의 범정부화와 범국민화를 도모하는 것이다. 자본의 탐욕과 맹목적인 이윤 극대화의 논리에 따라 자연생태계를 무자비하게 파괴하는 개발 일변도의 성향을 지양하는 정책 목표를 확실히 다짐해야 할 때이다. 구체적으로는, 산업화 과정에서 투기자본 세력들에 무참하게 농단된 농지 제도의 문란을 바로잡아야 한다.[6]

이미 2009년에 '글로벌 그린 뉴딜'이라는 제목의 UN 보고서가 발간되었다. 미국에서 시작된 금융위기가 전 세계로 퍼지는 시점이었다. 보고서는 경제 회복과 일자리 창출, 기후 변화와 생태계 파괴, 불평등과 빈곤 문제를 동시에 해결하기 위해서는 지구적 차원의 녹색 투자와 정책이 필요하다고 주장했다.[7] 2009년 글로벌 금융위기는 대침체(The Great Recession)로 불리지만, 코로나19 시국에서 경제 위기의 파급력은 대공황(The Great Depression)에 비견될 정도로 파급력이 막대하다. 2020년 4월 유럽연합(EU) 집행위원회 우르줄라 폰 데어 라이엔 의장은 세계적인 경제 위기를 극복하기 위해 "회복력, 녹색, 디지털로 무장한 유럽을 건설해야 한다"고 주장했다. 지구촌을 뒤흔드는 전염병 앞에서 그린 뉴딜(Green New Deal)의 필요성과 시급성은 더욱 커졌다. 이제 녹색은 더 이상 사치가 아닌 생존이다.

저탄소 산업

2019년 4월 개봉한 '어벤져스 엔드게임'에서는 타노스에 의해 세계 인구의 절반이 줄어들자 허드슨 강에 고래가 돌아오는 장면이 나온다. 인간이 자연환경을 해치지 않으면서 자연이 되살아나고 있음을 묘사한 장면이다. 영화 '어벤져스 엔드게임' 같은 일이 세계의 환경과 자연에서 일어나고 있다.

인간이 사라진 곳에 자연이 회복되고 있다

코로나19로 인해 사람들이 도시를 비우자 야생의 동물들이 인간의 자리를 대신하고 있다. 영국 북웨일즈 휴양지 란두드노에서는 야생 염소들이 마을 거리를 활보하며 주택가 정원의 풀을 뜯고 성당 내 묘지에서 잠을 자기도 했다. 칠레 산티아고에서는 퓨마가 거리를 돌아다니다 칠레 당국에 포획돼 동물원으로 옮겨졌으며 미국 캘리포니아주 오클랜드에서는 야생 칠면조 떼가 거리를 활보하고 있는 것으로 알려졌다. 스페인 북부 아스투리아스에는 밤이 되자 곰들이 거리를 돌아다니는 모습이 소셜미디어(SNS)에 올라왔다. 콜롬비아 현지 언론『엘티엠포』는 코로나19로 인해 선박의 입출항이 줄어들면서 카르타헤나만(灣)에 돌고래의 출현이 증가했다고 보도했다. 또 전국에서 보기 힘든 개미핥기, 주머니쥐 등의 동물도 거리에서 목격되고 있다고 덧붙였다.[8] 자연의 회복력이 여전히 살아있다는 증거다.

지구촌 탄소 배출량 하락과 숨 쉴 수 있는 대기로 회복되어야 한다

탄소배출이 현격히 줄어들어 대기환경이 개선되고 있다. 인도에서는 30여 년 만에 히말라야 만년설이 시야로 목격기도 했다. 미국, 유럽에서는 대기 질이 상승한 것으로 나타났다. 3월 23일 뉴욕타임스는 데이터 분석 업체의 분석 결과 뉴욕·시애틀·LA 등 미국의 대도시권에서 이산화질소 배출량이 50% 이상 감소했다. 코로나19의 타격이 심각한 이탈리아 북부의 경우 이산화질소 농도가 40% 이상 감소한 것으로 나타났다. 우리나라는 지난 4월 1일 환경부의 발표에 따르면 지난해 12월부터 올해 3월까지 측정된 전국 초미세먼지 평균농도가 지난해 같은 기간 33μg/㎥에서 24μg/㎥로 약 27% 감소했다. 2019년 기준 세계 대기오염물질 배출량 1위를 기록했던 중국의 경우 코로나19 사태 이후, 미국항공우주국(NASA)이 위성 데이터를 분석한 결과 올해 2월 한 달간 코로나19의 발원지로 지목받는 중국에서 발생한 이산화질소(NO_2)의 양이 급격히 감소했다고 발표했다.[9]

공동체의 빅딜

교회의 정의 'Remember 에클레시아'

교회(에클레시아, ecclesla)는 헬라어 'ek(밖으로)'와 'caleo(부르다)'의 합성어다. 초대교회는 건물에 관심이 없었다. 그들은 건물을 중심으로 모이지 않았는데 건물이 없고 가정 단위 소그룹으로 모이다 보니 조직도 체계적으로 갖추지 않았다. 사도 바울은 유대인이 회당 건물을 중심으로 모인 것과 달리 집회로서의 성격을 강조하기 위하여 에클레시아를 선택하였다.[10] 그들은 가정 교회에서 모여 예배를 드리다가 정한 때에 주변의 가정 교회들이 하나의 집회로 모였다.

공동체 구성요소, 코로나19 이후 공동체는 어떤 형태로 변화할 것인가?

공동체의 본질을 어떻게 이어갈 것인가?

디다케(교육·양육), 케리그마(선교·전도), 디아코니아(봉사·사회적 책임), 레이투르기아(예배), 코이노니아(교제·친교·교인 간의 연합)를 어떻게 유지할 것인가?

코로나19 이후 시대의 본질적(Text)이고 시대적(Context)인

공동체 의미의 해석은 무엇인가?

컨택트(Contact, 대면접촉) 시대에서 향후 주기적으로 찾아올 각종 바이러스에 대비하고 적응하며 형성될 언택트(Untact, 비대면) 시대가 '새로운 표준'(New Normal)이 되고 있다. 교회는 초대공동체처럼, 코로나19 이후 공동체가 개인(가정, 소그룹) 활동으로 전환이 임시 또는 지속해서 유지되도록 어떻게 도울 것인가?

코로나19에서 공동체란 무엇인가?

1세기부터 시작된 공동체는 교제의 형태(집단, 대면 모임)로 카타콤에 집단 거주했다. 1세기 카타콤의 형태가 2020년 현재는 개인 및 가정 공동체 교제의 형태로 재현된 것이다. 코로나19의 1차 극복 단계로 인정되는 백신 개발을 위해 임상실험(임상 1상, 2상, 3상을 거치는 동안 대략 8~10년이 걸린다. 근래 가장 빠른 백신은 5년 5개월이 걸린 에볼라 백신이다)을 거쳐야 하는데, 지금은 12~18개월 안에 백신 개발을 시도하고 있다. 의료진들은 대체적으로 코로나 19 상황이 2024년까지 지속될 것이라고 예측한다. 그러면 2021년 또는 2024년까지 공동체의 모습은 어떻게 변화될까? 코로나19로 인해 교회(공동체)도 비대면 모임의 첫 시도, 비자발적 모임이라는 새로운 실험을 하고 있다. 기존공동체 대면 모임과의 일시적 결별(행 2:42)의 여행이다.

공동체의 가치관은 무엇인가?

역사에서 팬데믹이 인간 도시를 변화시킨 예가 많다. 수메르 메소포타미아, 이집트 문명이 전염병을 대항하기 위해 건조지대에 만들었다. 로마 시대에 건축 토목기술이 발전되면서 아퀴덕트라는 상수도 시스템을 처음 만들었다. 17세기에 백신이 발명되면서 1,000만 명이 거주하는 도시가 생겨났다. 문화적 도시 파리는 콜레라에 대응하기 위해 위생적인 하수도 시설이 만들어진 후 유럽 문화의 산란도시로 발전했다. 이전 파리의 하수도 시스템은 당시 유행하던 장티푸스 콜레라 같은 수인성 전염병을 막기 위해 19세기 초반 나폴레옹 1세 때부터 만들어졌다.[11] 프랑스가 유럽에서 문화의 중심지가 될 수 있었던 것은 하수도가 생겨 전염병 창궐을 막아주었고, 건강을 지키며 예술 활동을 추구하던 예술가들이 파리로 몰려들어도 개인 건강의 안전을 보장할 수 있었기 때문이다. 파리에 창의적인 사람들이 모여들고 자본들이 모여들게 되었던 것이다. 장티푸스의 위기가 하수도를 창조하는 동인이 되었고, 하수도는 예술가와 자본이 모여 예술의 도시를 만들어준 동력이 된 것이다. 프랑스는 하수도 시설이 전무했던 19세기 이전과 하수도 시설이 창조된 19세기 이후로 문화적 혁명기를 맞이했다. 살모넬라 타이피균 (Salmonella typhi)에 감염되어 발생하는 감염성 질환으로 발열과 복통 등의 증상을 나타내는 급성 전신 감염 질환인 장티푸스는 프랑스를 한때 죽음으로 내몰았으나, 프랑스 시민들은 하수도를 만들어 장티푸스와 싸워 극복했다.[12] 전염병에 맞서 성찰을 통해 기존의 가치관을 버리고 새로운 가치관으로 승화한 역사의 증거다.

지금은 성찰의 시간, 지난 100년의 공동체를 성찰해야 한다

코로나19는 세계적으로 '예배 없는 교회당, 교회당 없는 예배'라는 상황을 가져왔다. 코로나19가 한국교회에 던져준 도전과 변화는 무엇일까?

한국교회의 주일성수 가치가 변화되고 있다. 교회의 핵심 신앙 가치 주일성수 인식에 변화가 올 것이다

코로나19 국면에서 예배당 없는 예배가 현실화하였다. "예배

출석이 곧 교회 출석"이라는 필연적 관계'에 변화를 가져왔고, 미디어 예배 서비스가 병행될 것이다. 가시적인 집단 컨택트 공동체에서 비가시적인 개인 언택트 공동체 현상이 가속화될 것이다. 사회적 거리두기(Social distancing) 상황에서 많은 교회는 예배의 유지를 위해 온라인 미디어를 통해 언택트 연결성에 나름 성공했고, 공동체에 소속됨을 온라인 미디어를 통해 확인하게 될 것이다.

예배당의 기능적 공간으로서 '교회'에 대한 인식이 수정되고 있다

코로나19 국면에서 경험했던 미디어 연결 모임들이 더욱 효과적인 방식으로 활성화될 것이며, 성도 수에 대비한 건물의 확장면적의 비례원칙도 수정될 것이다. 대면 예배와 온라인 예배의 병행으로 출석 성도의 감소와 맞물릴 때 예배당 공간 기능 인식의 변화 속도는 가속화할 것이다.

코로나19 이후의 변화를 전망해 볼 때, 한국교회가 예상할 수 있는 과제는 무엇일까? 그리고 염려되는 변화들은 무엇일까?

다음과 같은 논쟁들이 치열하게 드러날 것이다. 예를 들어, 코로나19 정국에서 부활주간 성찬에 관한 신학적, 신앙적 논쟁이 일어났다. 성찬은 주님의 몸으로서 빵 덩어리 하나와 주님의 피로서 포도주 한잔을 함께 먹는 영적인 행위를 공유하는 공동체를 확인하는 예배의 요소이다. 현장 대면접촉이 부재한 성찬의 효력이 있을까의 질문은 여전히 논쟁 중이다.

기대되는 변화들은 무엇일까?

코로나19 국면을 통해 경험한 온라인 미디어 사역이 지속, 발전하게 될 것이다. 공간으로서 예배당 기능이 재고될 것이다. 성도의 대면 교제 다양화가 될 것이다.

한국교회는 일제 치하를 거쳐 한국전쟁과 산업화 시대를 거치며 양적 고속성장을 이루어왔다. 1945년 이후 신탁과 반탁운동을 필두로 미국과 소련에 의해 좌우의 이념 대결의 대리로 전쟁을 치르며 갈라졌다. 반공 이념으로 권력을 잡은 정권의 지지세력으로 교회가 필요했고, 교회는 반공과 성장이라는 두 마리 토끼를 반공 정권에 기대어 이룰 수 있었다. 아프고 암울했던 시대적 상황이었다.

우리가 코로나19 시국에서 언택트 시대로 공동체의 변화를 고민할 때 한국교회의 성장과 예배당의 존재는 중요한 가치관 변화의 변곡점이 될 것이다. 산업화 시대의 고속성장과 더불어 한국교회가 성장했고, 1980년대부터 교회의 모이는 장소적 개념의 예배당, 또는 교회당의 호칭이 교회로 통일되기 시작했다. 예배당의 공간적 기능을 넘어서 부름받은 성도들의 모임으로서 에클레시아를 '교회'라는 용어로 암암리에 통일되어 지칭되었다. 교회 성도들의 양적 성장과 이를 수용하기 위한 예배당 건축의 붐에서 교회 호칭이 성장주의의 가치관을 입고 변화된 것이다. 1980년대부터 2000년까지 서울에는 건물마다 또는 한 건물에 다수의 교회가 입주하여 개 교회가 성도의 양적 경쟁을 하기 시작했다. 그러나 1995년부터 성장 정체 현상과 2005년부터 성장 하락 현상이 이어지며, 예배당 건축의 붐도 하향곡선을 그리고 있다. 그동안 교회당 내부에 다수가 촘촘히 앉도록 설계하는 예배당이 보편적 교회당의 모습이었다. 사람의 양적인 팽창을 기준으로 교회당의 크기가 결정되었고, 이미 지어진 교회당은 크기에 걸맞은 사람을 채워 넣어야 했다. 이것을 하나님의 은혜로 인식하였던 것이다.

자본주의 성장의 대표적 국가 미국이 코로나19 치료조차도 부자들은 휴양림에서 풍요한 격리를 하고, 빈자들은 거리에서 코로나19 감염을 두려워하며 식량 배급을 받아야 하는 모습에 무엇을 성찰할 것인가? 김누리 교수는 이를 두고 생존경쟁에서 1등만 존재하는 '동물적 자본주의'라고 정의했다. 안타깝게도 교회가 동물적 자본주의 성장지상주의에 함몰되었다. 코로나19로 인해 그동안 확연히 드러나지 않고 있던 허술한 미국 의료체계의 민낯을 보게 되었다.

코로나19가 교회에 주는 영적 성찰은 무엇인가?

예수님의 성육신은 자발적 불편의 극적인 모델이다

예수님은 극심한 불편을 자발적으로 선택하시어 비참한 인간으로 오심(성육신)을 스스로 선택하셨다.

구한말 전염병이 창궐한 시기 한국교회와 선교사들의 헌신을 다시 배워야 한다. 선교사들의 자발적 헌신으로 교회가 민중의 마음에 정착할 수 있었다. 1902년 8~9월에 한국에 콜레라가 유행했는데, 서울에서만 9월에 매일 50-250명이 사망했다. 1899~1902년에는 3년간 천연두가 유행하여 수많은 사람들이 죽었다. 당시 언더우드 선교사가 쓴 "한국의 부름(The Call of Korea)"을 보면 구한말 한양 도성에 전염병이 창궐하자 초기 선교사들과 기독교인들이 병원을 설치하여 수많은 감염환자를 헌신적으로 돌보고 치료하다가 순직하였고, 그 지극한 헌신에 정부 각료들조차 부끄러움을 느꼈다고 기록하고 있다. 마침내 전염병이 지나가자, 그때까지만 해도 예수를 서양 귀신이라 조롱하며 교회 근처에도 오지 않던 "나라 안의 빈부귀천 모든 사람으로부터" 교회가 주목을 받게 된다. 그들은 한결같이 이렇게 고백했다. "이러한 외국인이 우리들을 사랑하는 것처럼, 우리도 우리나라 사람들을 사랑할 수 있을까요? 그것은 무슨 까닭일까요?" 한국교회에 계층을 가리지 않고 사람들이 찾아오기 시작한 것은 전염병 전이 아니라 그 후였다. 이 시기를 시작으로 사람들은 한국교회에 전염병과 함께 본격적으로 모여든 것이다.[13] 한국의 초기교회는 이처럼 자발적으로 목숨을 내어놓고 전염병에 걸린 환자들을 전심으로 돌보던 선교사들의 희생을 영적 유산으로 성장했다. 예수님의 십자가는 곧 자신의 십자가를 지고 주님의 골고다를 따라가는 삶이라는 것을 몸소 실천하기 위해 감염병 정국에서 자신의 몸과 삶을 기꺼이 내어드렸던 조선 초기 선교사들의 헌신을 코로나19 시국에서 한국 교회는 반면교사로 기억해야 한다.

"이에 예수께서 제자들에게 이르시되 누구든지 나를 따라오려거

든 자기를 부인하고 자기 십자가를 지고 나를 따를 것이니라"(마 16:24)

예수님의 자발적 불편은 이웃을 위한 사랑과 절제 운동이다

예수님의 삶은 인류를 위해 십자가를 지신 희생의 삶이며, 이 웃을 위한 그리스도인의 삶의 방편이다(레 19:18, 네 이웃 사랑 하기를 네 자신과 같이 사랑하라).

"예수께서 대답하여 이르시되 어떤 사람이 예루살렘에서 여리고 로 내려가다가 강도를 만나매 강도들이 그 옷을 벗기고 때려 거 의 죽은 것을 버리고 갔더라 마침 한 제사장이 그 길로 내려가다 가 그를 보고 피하여 지나가고 또 이와 같이 한 레위인도 그 곳에 이르러 그를 보고 피하여 지나가되 어떤 사마리아 사람은 여행하 는 중 거기 이르러 그를 보고 불쌍히 여겨 가까이 가서 기름과 포 도주를 그 상처에 붓고 싸매고 자기 짐승에 태워 주막으로 데리고 가서 돌보아 주니라 그 이튿날 그가 주막 주인에게 데나리온 둘을 내어 주며 이르되 이 사람을 돌보아 주라 비용이 더 들면 내가 돌 아 올 때에 갚으리라 하였으니 네 생각에는 이 세 사람 중에 누가 강도 만난 자의 이웃이 되겠느냐 "(눅 10:30-36)

BC 722년 바벨론에 의해 점령된 북 이스라엘이 종교적 인종적 혼합이 되며 식민지화되었다. 여호와 신앙을 지켜냈다고 자부하 던 남 유다의 입장에서는 북이스라엘은 역겨운 이방신들과의 혼

음종교였다. 북 이스라엘은 식민지배에서도 여호와 신앙을 그리심산 성전을 만들어 지켜왔다고 자부하고 있었다. 같은 민족이면서도 대립과 무시의 역사를 700여 년 이상 유지해온 사마리아와 유대, 두 지역 간의 대립 지점을 AD 30년쯤 예수님이 선한 사마리아인 비유로 타파해 나가려고 하신 것이다. 그리심산 성전과 예루살렘 성전의 시대에 참된 예배의 대상자로서 하나님이 인간의 모습으로 오셨다. 진짜가 나타난 것이다. 예수님을 믿는다는 것은 곧 예배의 회복을 의미한 것이 된 것이다. 이들에게 성전예배를 벗어나야 하는 문화적, 영적 변곡점에 있던 것이다. 사마리아인, 레위 지파와 제사장과 유대인 모두가 한 공동체가 되어 예배하는 길을 열어 놓으신 것이다. 보이는 그리심산 성전의 컨택트 예배 시대에서 보이지 않는 하나님을 예배하는 언택트 시대의 진입을 선언하신 것이다.

내 것(시간, 물질, 관심)을 강도 만난 이웃을 위해 기꺼이 내어 주는 삶!

2020년 현재, 지난 2백여 년 동안 관습처럼 계승해온 거대 예배당의 시대에서, 가정 공동체와 소그룹 모임의 작은 공동체로 방향전환을 빅딜할 시간이다. 예배당 전통주의를 버리고, 하나님이 주시는 초대공동체 원형으로 돌아가야 한다.

"그런즉 누구든지 그리스도 안에 있으면 새로운 피조물이라 이전 것은 지나갔으니 보라 새 것이 되었도다"(고후 5:17)

예수님은 자신의 몸을 희생시켜 인간이 하나님의 구원에 이르는 거룩한 딜을 성사시켰다. 한국 초창기 교회에서 보여주었던 믿음의 선배들을 반면교사 삼아야 한다. 코로나19 상황 이후에 급변화 하는 세상에서 복음으로 살아 내야 한다. 교회는 세상의 흐름을 예측해야 한다. 코로나19 시대, 언택트 시대의 교회의 생존 목표는 야만적 자본주의 성장 숭배 가치관이 아니라 거룩한 생존이어야 한다.

지금은 거룩한 영적 몸부림의 시간이다. 자신을 기꺼이 희생하신 주님의 십자가 정신으로 살아 내야 하는 시간이다. 그래야만 하는 시간이다.

미주

[1] 장하준 영국 케임브리지대학 교수, www.vop.co.kr/A00001498263.html

[2] 2020년 7월 14일, 한국판 뉴딜 국민보고대회, 청와대

[3] 최재붕 성균관대 교수, CBS <시사자키 정관용입니다>,

'코로나19, 신인류 시대-포노사피엔스가 온다', youtube.com/watch?v=xw2gu-wvNZ0

[4] 정대화 상지대 총장, www.vop.co.kr/A00001497230.html

[5] 최재천 이화여대 석좌교수, CBS <시사자키 정관용입니다>, "코로나19, 신인류시대-정답은 생태백신"www.youtube.com/watch?v=3F7KemRVFSw,

[6] 김상훈 전 농림부장관, www.vop.co.kr/A00001489876.html

[7] 홍종호 서울대 환경대학원 교수, www.vop.co.kr/A00001493277.html

[8] 시사위크, "[코로나의 두 얼굴] 세계적 재난... 자연은 숨을 쉬기 시작했다", 2020년 4월 3일. www.sisaweek.com/news/articleView.html?idxno=132623

[9] 위의 글.

[10] 홍성철, 「사도바울의 에클레시아와 가정 교회」, 『목회와 신학』 2007년 11월호, 79쪽.

[11] 파리 개조사업은 1853년부터 20세기 초까지 진행된 프랑스 수도 파리 재건설 사업이다.

[12] 유현준, 『도시는 무엇으로 사는가』(서울: 을유문화사, 2017), 135쪽.

[13] 옥성득, 「전염병과 신앙」, cemk.org/15723

코로나 19 시국에서 캠퍼스 복음 사역의 의미와 방향

석종준 목사(서울대 캠퍼스 선교사, 침신대 겸임교수)

새 포도주를 낡은 가죽 부대에 넣지 아니하나니 그렇게 하면 부대
가 터져 포도주도 쏟아지고 부대도 버리게 됨이라 새 포도주는 새
부대에 넣어야 둘이 다 보전되느니라
(마태복음 9장 17절)

들어가는 말

안녕하세요, 여러분들 요즘 수고가 많으시지요. 우리가 정말 당황스러운 시대를 만났습니다. 눈에 보이지도 않는 바이러스 때문에 모든 것이 큰 지장을 받고 있습니다. 난리도 이런 난리가 없습니다. 캠퍼스의 복음 사역 현장도 예외가 아닙니다.

오늘 "코로나19 시국에서 캠퍼스 복음 사역의 의미와 방향"이라는 엄청난 주제를 가지고 나누는 시간인데요. 우선, 제가 이 주제를 감당할 최고 전문가는 아니라는 생각에 죄송한 마음이 듭니다. 큰 기대는 안 하시는 것이 좋겠습니다. 그래도 조금은 위안을 드리자면, 저는 지난 25년 이상 여러 캠퍼스와 지역교회에서 청년 사역을 줄곧 섬겨왔습니다. 2012년 3월부터 2016년 2월까지, 만 4년 동안은 서울대학교회에서 풀타임 목사로 섬겼고, 또 이후 현재까지는 자비량 캠퍼스 선교사로서 서울대에서 계속 사역해 왔습니다.

'코로나19'라는 바이러스의 성격 자체에 대해서는 제가 보건, 의료 쪽 전문가가 아니기 때문에, 전혀 다루지 않도록 하겠습니다. 이 귀한 시간을 비전문가인 제가 그저 관념적이거나 식상한 얘기로 채워서는 안 되겠다는 생각 때문입니다. 그래서 나름 이러한 전략을 세워 보았습니다. 우리 영화계 거장 봉준호 감독님께서 <기생충>으로 2020년 아카데미 감독상을 받았을 때 인용하셨던 마틴 스콜세지(Martin Scorsese) 감독의 말을 기억하시나요. "가장 개인적인 것이 가장 창의적인 것이다." 이 멋진 화두를 저도 붙들고 가겠습니다.

서울대 캠퍼스의 복음 사역 지형도 개관

"코로나19 시국에서 캠퍼스 복음 사역의 의미와 방향"을 논하기에 앞서, 서울대 캠퍼스 구성원 정보에 대해 참고로 간단히 말씀드립니다. 서울대는 현재 학부생이 약 1만 6천 명, 대학원생 약 1만 6천 명, 그리고 교수, 교직원이 약 3천여 명 정도, 합해서 약 3만5천 이상의 내부 구성원이 있습니다.

여러분들도 아시겠지만, 우리나라 전체 그리스도인은 약 850만 명 정도입니다. 대략 대한민국 국민 5명 중 1명입니다, 그런데, 캠퍼스 2030 청년 세대들의 그리스도인 비율은 약 10명 중 1명 정도로 현저히 평균을 밑돌고 있습니다. 따라서 이 영혼들을 모두 복음으로 제대로 섬기려면 캠퍼스에는 아직도 더 많은 일꾼이 필요하고, 더 세워져야 합니다.

물론 현재 서울대에는 복음 사역을 잘 섬겨 온 여러 신앙 공동체들이 이미 있습니다. 우선 CCC, IVF, JOY 선교회 등과 같은 기독교 선교단체들인데, 정동아리(정회원)가 약 14개, 5~6개의 준동아리(준회원)를 합해서 약 20개 정도 있습니다. 또 기대모(기독 대학원생 모임)가 있습니다. 그리고 제가 4년 (2012-2016) 동안 섬겼던 서울대학교회가, 주일에 캠퍼스에서 학부 예배, 대학원 예배, 영어 예배, 중국어 예배, 이렇게 4개의 예배를 약 200여 명이 드리고 있습니다. 또한 기독교수협의회(기교협)에서 주관하는 수요 채플이 있는데, 주로 기독교수회 교수님들과 대학원생 찬양팀이 섬깁니다. 마지막으로 매 학기 "서기연"(서울대 기독인 연합회) 주관으로 섬겨지는, 기독인 신입생 수련회, 개강예배, 종강예배와 기교협 교수님들과 기독 학생들이 함께 섬겨 왔던 친구초청 전도 컨퍼런스 "복음자리"라는 것이 있습니다. 기타 몇몇 학과에서 잘 세워진 학과 "기도 모임"이 있습니다.

저는 현재 개인적으로 기회가 있을 때마다, 이렇게 수많은 서울대 캠퍼스 복음 사역 공동체 또는 사역자, 학생들과 전체 기도 제목을 공유합니다. 그리고 개인적으로 매주 정기적으로 약 10여 명의 학생을 성경공부, 멘토링, 상담, 독서 모임 등으로,

또 매주 3~4명의 교수님의 연구실에 찾아가 기도와 심방 예배 등으로 직접 섬기고 있습니다. 아주 작지요? 그러나 저는 "이 부족한 인생이 한 영혼에게라도 매일 복음을 전할 수 있고, 사랑으로 섬길 수 있다는 사실"(요삼 1:2)에 매우 만족하고 있습니다. 그런데 캠퍼스에는 이렇게 많은 신앙공동체와 전도자들이 복음 사역을 위해 수고하고 있지만, 섬겨야 할 영혼들의 숫자에 비하면, 실제 그 역량은 충분하지가 못합니다. 아니 절대적으로 부족합니다. 반면에 복음화를 위한 캠퍼스의 영적 토양도 날로 척박해지고 있습니다.

요즘 많은 한국 교회 사역자들이 다음 세대의 중요성을 이야기하십니다. 왜냐하면 70~90년대의 캠퍼스 복음 사역의 열매가 얼마나 한국 교회의 귀중한 자원이 되었는가를 잘 알고 있기 때문입니다. 현재 캠퍼스나 교회에서 복음사역을 주도하시는 많은 교수님과 성도님이 주일학교, 학생부, 청년대학생 시절에 복음을 영접했던 열매라는 사실에 주목하고 있기 때문입니다. 이것은 한국 교회가 다시 젊은 영혼들을 복음으로 깨우고, 세우고, 부흥시키는 꿈을 꾸는 일이 얼마나 중요한 것인 줄 모두 알기 때문입니다. 그러나 현실은 '코로나 19' 시국 이전부터 최근 10년 이상 넘게 캠퍼스 상황이 녹록지는 않아 왔습니다.

서울대 캠퍼스에서 오랫동안 사역했던 한 선교단체 간사님으로부터 이런 얘기를 직접 들은 적이 있습니다. "목사님, 제가 10년 전부터 지금까지 이 캠퍼스의 산 증인인데요. 같은 열정을 가지고, 동일한 사역자가 최선을 다해도 열매가 이전과 같지 않습니다." 실제, 서울대의 경우 지난 약 10년 전과 비교하면 선교단체 소속 학생들의 수가 약 600명에서 300명으로 반 토막이 난 상태입니다. 대부분의 캠퍼스에서 선교단체 구성원 숫자가 반 토막이 난 것을 확인합니다. 그리고 저는 대부분의 캠퍼스 상황도 크게 사정이 다르지 않다는 것을 확인합니다. 대학 캠퍼스는 이제 학습권 침해라는 이유로 노방 전도와 선교가 어려워졌고, 복음주의적 신앙 공동체(또는 구성원)는 동성애나 차별금지법 등 핵심 이슈 등에서 대화 파트너로서의 입지를 위축당한 채로, 소외되고 있으며, 정치적 이데올로기의 노골적 편향성 혹은 대립으로 고립을 스스로 자초한 측면이 있기 때문입니다.

'코로나19' 사태와 캠퍼스 복음 사역

이러한 시대적 맥락에서, '코로나19 사태'가 터졌습니다. 엎친 데 덮친 격이라고 할까요. 2020년 8월 21일 현재, 전 세계

확진자는 약 2270만 명이고 사망자는 약 80만 명입니다. 우리나라는 지난 2월 17일 대구 신천지발 31번 확진자의 등장 이후 급속히 퍼져 현재 약 16,346명 확진자에 사망자 307명입니다. 한국은 세계적으로 비교적 대응을 잘하는 나라로 평가받고 있지만, 모든 영역에서 정상적인 작동이 멈추어섰다는 점에서는 예외일 수 없습니다.

아시다시피 '코로나19 사태'로 대부분의 대학에는 2020년 학번 신입생 입학식이 생략되었습니다. 1학기 동안 수업은 온라인(비대면)강의로 대체되었습니다. 그래서 캠퍼스에서 학부생들을 구경하기조차 어렵게 되었습니다. 당연히 썰렁했지요. 대부분의 대학원생은 학교에 계속 나왔지만, 대면 미팅은 마찬가지로 가급적 금지되었습니다. 연쇄 반응으로 많은 교내 식당들은 문을 닫았고, 열고 있는 식당의 경우는 대부분 의자가 한 방향으로 배치된 상태입니다.

캠퍼스 내 신앙공동체들의 복음사역 역시 지장이 많았습니다. 대부분의 선교단체는 대면 그룹 양육 프로그램과 자랑스러워하던 여름 수련회를 취소시켰습니다. 서울대 캠퍼스의 경우, 서울대학교회와 수요 채플은 온라인과 오프라인 예배를 병행하고 있지만, 안전을 위해 공개된 큰 장소가 아닌 동아리방을 불가피하게 이용하고 있습니다. 개강예배, 종강 예배, '복음자리' 초청 캠퍼스 전도포럼 등의 대면 예배와 모임이 취소되었습니다.

물론 그 와중에 감사하고 다행스러운 일도 있습니다. '코로나19 사태'가 캠퍼스 신앙 공동체와 복음 사역을 완전히 무력화시키지는 못했다는 사실입니다. 제가 보기에는 오히려 캠퍼스 신앙 공동체들은 현재 지역교회들보다 '코로나19'에 대한 대응 능력이 대체적으로 훌륭했습니다. 선교단체들과 대학교회, 또는 수요 채플 등의 예배와 모임은 대면과 비대면 방식을 혼용하면서 인원은 다소 줄었지만, 비교적 여전히 잘 돌아가고 있습니다. 시대의 도전 앞에서 묵묵히 헌신적으로 소명을 감당한 일꾼들 때문입니다. 다만 문제는 새로운 복음화 대상자들을 향한 선교와 전도 활동이 코로나19 이전에 비하면, 상응하는 대안을 찾지 못하고 있는 것 같습니다. '코로나19' 시국에서 남겨진 취약하고 중요한 과제입니다.

'코로나19'를 어떻게 바라볼 것인가?

그렇다면 하나님은 왜 지금 우리에게 '코로나19'라는 초유의 사태를 허락하셨을까요? 제가 평소 좋아하는 존 파이퍼(John Piper) 목사가 최근 자신이 운영하는 팟캐스트 '존 파이퍼 목사에게 물어보세요'(Ask Pastor John) 코너에서 현재 세계적 팬데믹 상태인 코로나19의 성경적 의미를 정리해주셨습니다, 저는 파이퍼 목사의 '코로나19'에 대한 정리가 유일한 정답은 아닐지라도 분명 우리가 주목해야 하는 중요한 성찰을 담고 있다고 믿습니다.[1] 그 의미를 성경적 맥락에서 4가지 유형으로 정리해 볼 수 있습니다.

첫째, '코로나 19'의 성경적 의미는 보편적 죄의 결과라는 것입니다. 아담과 하와를 통해 죄가 세상에 들어왔을 때, 하나님의 형상으로 창조된 인간이 하나님을 향한 선한 의지가 파괴되었습니다. 그래서 인간 자신을 포함해 창조된 만물들이 타락과 허무를 경험한다는 것입니다. 이것이 로마서 8장 22-23절 말씀의 요약입니다. 엘니뇨 현상, 오존층 파괴, 극심한 미세먼지, 핵무기 등의 재앙은 모두 우리 인류가 자초한 육신의 정욕과 보편적 죄의 결과라는 것입니다. 이번 코로나19 바이러스 사태도 중국 우한의 한 연구소에서 시작되었다는 강력한 논거들이 있습니다.

둘째, '코로나19'의 성경적 의미는 역설적이지만, 은혜라는 것입니다, 하나님은 때로 백성들을 정화시키고 심판에서 구하시기 위해 질병이나 재난을 주실 때가 있습니다. 이는 누군가에게는 정죄가 아닌 은혜의 역사입니다. 하나님은 사도 바울을 통해서 고린도전서 11장 29-32절에서, "주의 몸을 분별하지 못하고 먹고 마시는 자는 자기의 죄를 먹고 마시는 것이니라 그러므로 너희 중에 약한 자와 병든 자가 많고 잠자는 자도 적지 아니하니 우리가 우리를 살폈으면 판단을 받지 아니하려니와 우리가 판단을 받는 것은 주께 징계를 받는 것이니 이는 우리로 세상과 함께 정죄함을 받지 않게 하려 하심이라"라는 말씀을 주십니다. 1세기 브리스길라와 아굴라라는 인물을 아시지요. 로마 황제 글라우디오의 유대인 추방령에 따라 로마에서 갑자기 쫓겨났습니다. 그야말로 불가항력적 재난이었습니다. 이 때문에 고린도로 이주하게 된 브리스길라와 아굴라는 사도 바울을 만나게 됩니다. 그리고 사도 바울과 함께 사역했던 중요한 동역자가 됩니다. 또 여러분들은 사도 바울의 육체의 가시를 어떻게 해석하시나요? 그는 그 육체의 가시 때문에 하나님께 매달렸고, 하나님이 맡기신 소명 외에 다른 것에 한눈을 팔지 않고 최선을 다할 수가 있었습니다. 우리는 역사 속에서 훌륭했던 인물들이 인생의 대부분을 잘 살다가 마지막 순간에 무너지는 것을 종종 봅니다. 그때마다 하나님께서 조금 더 일찍 그들을 데려가셨으면 어떠했을까 하는 생각도 하게 됩니다.

셋째, '코로나19'의 성경적 의미는 심판이라는 것입니다. 하나님은 그분을 거절하고 스스로 죄를 짓는 이들에게 특정한 심판을 내리기 위해 때로 질병을 사용하십니다. 사도행전 12장에 헤롯왕이 스스로 높여 신이 되려 했다는 사실을 볼 수 있습니다. "헤롯이 영광을 하나님께로 돌리지 아니하시므로 주의 사자가 곧 치니 벌레에게 먹혀 죽으니라"(행 12:23). 하나님은 자기 자신을 높이는 모든 이들에게 이같이 하실 수 있습니다. 하나님은 당신의 길을 거부하는 이들에게 때로 심판을 내리기 위해 질병을 사용하실 수 있습니다. 우리 인류가 최근 인공지능(A.I)이다 뭐다 해서, 마치 창조주가 된 것 같은 교만함에 빠졌었던 것은 아닌지 생각해 봅니다.

넷째, '코로나19'의 성경적 의미는 하나님의 경고라는 것입니다. 홍수와 가뭄, 메뚜기 떼, 쓰나미 혹은 질병 등과 같은 모든 자연재난은 심판을 내리시려는 하나님의 천둥소리일 수 있다는 것입니다. 하나님의 영광과 영원한 은혜로 모든 이들이 회개하고 바른 삶을 살게 하시는 하나님의 촉구입니다. 근거는 누가복음 13장 1~5절에 있습니다. 당시 빌라도는 성전에서 예배자들을 대량 학살했습니다. 또 실로암 망대가 무너져 옆에 있던 18명이 깔려 죽었습니다. 무리들은 예수님께 그 이유를 듣고 싶어 했고, 예수님은 "또 실로암 망대가 무너져 치어 죽은 열 여덟 사람이 예루살렘에 거한 모든 이들보다 죄가 더 있는 줄 아느냐 너희에게 이르노니 아니라 너희도 만일 회개하지 아니하면 다 이와 같이 망하리라"고 말씀하셨습니다.

저는 복음주의자로서 성경의 맥락에서 재난의 의미를 찾아 중심을 잡으려는 파이퍼 목사님의 입장을 지지합니다. 물론 우리는 '코로나19' 바이러스로 고통받고 탄식하는 세상에서, 고통 가운데 있는 당사자들이나 그의 가족들이 상처받지 않도록 해야 하고, 동시에 우리 각자가 성경적 진리 안에서 하나님이 주신 각자의 생명을 지키기 위하여, "네 생명을 보존하라"(창 19:17)는 말씀에 순종하여, 세상의 보건, 의료적 예방의 지혜를 잘 협조하고 활용해야 합니다(창 19:17). 지극히 당연한 이야기입니다. 왜냐하면 우리 그리스도인들은 이러한 난국의 때일수록, "네 이웃을 네 몸과 같이 사랑하라"(마 22:39)라는 말씀에 따라서 평상시보다 주변의 어려운 상황에 있는 사람들을 더 많이 돕고, 하나님의 사랑을 전할 수 있도록 서로를 격려하고 응원해야 합니다.

하나님이 일하시는 방식

저는 '기독교세계관학술동역회'라는 기독교 학술단체에서 <신앙과 삶>이라는 매거진(기관지)을 만드는 일을 하고 있습니다. 최근 인터뷰 코너 취재차 대구 동산병원을 다녀왔습니다. 여러 의사 선생님들과 인터뷰하면서 언론에 알려지지 않은 많은 감동적인 얘기를 듣고 왔습니다. 대구 동산병원은 계명대 부속병원인데요. 그 전신이 1899년 북장로교 선교사님들이 세운 대구 제중원이었답니다. 서울 제중원은 연세대 세브란스 병원이 되었고 대구 제중원은 계명대 부속 동산병원이 되었습니다. 올 2월 '코로나19' 사태로 어느 날 갑자기 대구시로부터 거점병원 제안이 왔을 때, 처음에는 병원 직원들이 대부분 반대했답니다. 왜냐하면 거점병원이 된다는 것은 입원 환자들을 모두 다른 병원으로 이송하고, 오직 코로나 19 확진자들만을 받아야 한다는 의미입니다. 국립대 병원도 아닌데 왜 하필 우리가 거점병원이 되느냐 하는 것이었지요. 그러나 병원 의사와 직원들은 마침내 대구시의 제안을 수용했습니다. 대구 동산병원은 선교사님들이 예수님의 사랑을 전하기 위해 세운 병원이었는데, "우리가 지금 사회의 제안을 거절하면, 언제 그 사명을 행할 수 있느냐" 하는 생각에 모든 구성원이 수용했고, 그 다음 날부터 바로 환자들을 받았다고 했습니다. 또 어느 간호사는 당시 환자들이 너무 많아서 영안실에서 쪽잠을 자면서 환자들을 돌보았다고도 했습니다. 그 결과 계명대 부속 대구 동산병원은 세계적으로 이름이 난 병원이 되었습니다. 이것이 하나님이 우리를 통해 일하시는 방식입니다.

따라서 우리는 '코로나19'와 같은 재난을 통하여 하나님께서 전하시고자, 주시고자 하는 메시지를 이 4가지 성경적 의미 중에서 소속 신앙 공동체와 개인적 차원에서 먼저 연결해서 중심을 잡는 일에 실패하지 않아야 한다는 생각을 합니다. 또 우리는 "하나님께서 역사의 창조주이자 주인이시고, 코로나 19보다 크신 분"이라는 믿음을 선포하는 일도 필요할 것 같습니다. 마가복음 4장 41절을 보시면, 예수님께서 제자들이 갈릴리 파고에 두려워 떨며 도움을 요청했을 때, 그 파고를 잠재우셨습니다. 그래서 성경은 '그가 누구이기에 바람과 바다도 순종하는가 하였더라' 말씀하고 있습니다. 이 말씀은 그때나 지금이나 사실입니다. 하나님은 이 세상의 어떤 자연적·초자연적 재난의 힘보다 크신 분입니다. 하나님은 코로나 19 바이러스가 어디에서 시작했고 어디로 갈 것인지 정확히 알고 계십니다. 그리고 이를 제지할 수도, 제지하지 않을 수도 있는 전능한 힘을 갖고 계십니다. 그럼에도 불구하고 하나님이 우리 시대에 '코로나 19'를 통한 팬데믹을 허용하셨습니다. 성경적 의미는 이를 허용하신 하나님의 우리를 향한 선하신 뜻이 반드시 있다는 것입니다.

'코로나19' 이후의 캠퍼스 복음 사역

그렇다면 이제 '코로나19' 이후의 캠퍼스 복음 사역의 방향은 무엇이 되어야 할까요? 우선 저는 이 시간을 빌어서, '코로나19' 정국에서, 특별히 각자 속한 캠퍼스의 신앙공동체에서, 자신의 소명을 잘 감당하고 계신 모든 복음 사역의 일꾼들이신 모든 기독 교수들, 목회자들, 간사들, 우리 학생 형제, 자매들께 응원과 축복의 말씀을 전해 드리고 싶습니다. "사랑하는 형제들아 견실하며 흔들리지 말고 항상 주의 일에 더욱 힘쓰는 자들이 되라 이는 너희 수고가 주 안에서 헛되지 않은 줄 앎이라"(고전 15:58).

하나님은 가난한 과부가 바친 두 렙돈의 연보를 가장 크게 보신다는 것을 기억해야 합니다(눅 20:45-21:6). 무슨 말씀이냐 하면, 그리스도인으로서 우리가 신앙 공동체에서 드리는 예배, 봉사, 성경공부, 전도, 섬김은 그것이 어느 상황과 조건에서 드려지느냐에 따라서, 그 가치는 배가된다는 것입니다. 우리가 '코로나19'라는 이 어려운 정국에서 각자가 캠퍼스의 신앙 공동체에서 자신을 하나님이 기뻐하시는 거룩한 산 제물로 여전히 드릴 수 있다면, 그것은 우리 주님께서 가장 기뻐 받으시는 존귀하고 복된 예배가 될 것을 믿습니다. 그래서 특별히 저는 기독교수들, 목회자들, 선교사들도 귀하지만, 캠퍼스안에 있는 학생 복음 사역의 동역자들이 정말 귀하다고 생각합니다. 왜냐하면 '코로나19' 이전보다 더 많은 수고와 애로가 있는 것 같아서입니다. 현재 시국에서 솔직히 각자가 학과와 연구실에서 직면하고 있는 여러 도전과 상황에 잘 적응하고 내용을 채우는 것만도 녹록하지 않은데, 공동체 사역을 위해 다른 형제와 자매, 그리고 영혼을 위해 섬김으로 자신을 기꺼이 드리는 일은 정말 복된 일이기 때문입니다.

최근 카이스트의 뇌과학자 김대식 교수는 CBS '시사자키 정관용입니다'라는 라디오 프로그램에서 마치 진정한 20세기가 1919년(1차대전 후, 스페인독감 후)에 시작되었던 것처럼, "진정한 21세기는 2020년 2월에 시작됐다"는 말을 남겼습니다.[2] 말하자면 코로나19 정국은 그동안 우리가 경험했던 2009년 사스, 2015년 메르스 같은 전염병과는 다르게, 일시적으로 지나가는 나그네 불청객이 아니라 새로운 시대의 개막을 알리는 전령과 같다는 것입니다. 왜냐하면 코로나19 백신이 수년 내 개발되지 않을 것이라는 대다수 불길한 전망뿐 아니라, 지금의 역사적 맥락이, '인공지능(AI)'과 비대면 '초연결사회'로 진입 또는 안착이 가능한 역사적 맥락과 맞닿아 있기 때문입니다.

그렇다면 이러한 '코로나19' 이후의 캠퍼스 복음 사역의 방향은 무엇이 되어야 할까요? 역사를 보면 중세 말기, 교회와 성도들이 타락하고 본질을 떠났을 때, 종교개혁자들은 아드 폰테스(Ad Fontes), '근원으로 돌아가자'는 구호를 외쳤습니다. 하나님은 당시 르네상스, 지리상의 발견과 지동설, 종교개혁 운동을 통하여 새로운 시대의 개막과 부패한 중세 가톨릭교회의 종식과 교회가 스스로를 성찰하여 성경적 신앙 공동체로 복귀할 수 있는 계기를 주셨습니다. 마찬가지로 코로나19 사태 역시 교회, 즉 신앙 공동체의 본질적 사명인 예배, 교육, 봉사, 교제, 선교를 성경적으로 회복시킬 계기를 마련해 주시려는 의미도 분명 있다고 믿습니다. 그리고 그 회복적 성찰의 계기는 비대면

(언택트)이라는 다소 낯선 시대의 개막을 통해서, 또는 온라인 & 오프라인 두 측면의 균형 잡힌 활성화의 마중물을 통해서 주시는 선물일 수 있다는 생각을 합니다.

'코로나19'와 복음 사역의 확장

'코로나19' 사태는 역사적으로 그리스도 몸으로서의 교회의 확장을 가져왔다고도 볼 수 있습니다. 교회는 그리스도인의 공동체입니다. 함께 모임을 기본 정체성으로 삼습니다. 그래서 교회는 건물이나 조직체계가 아니라 나사렛 예수 그리스도를 구세주와 주님으로 믿는 사람들의 모임입니다. 그런데 '코로나19' 이후 "교회" 즉, "그리스도인들의 공동체"가 초유의 위협을 받고 있습니다. 성경의 교회는 주 예수 그리스도의 몸이며, 음부의 권세조차 이길 수 없도록 주께서 친히 세우신, 공동체입니다 (마 16:18). 역사적으로 최초 교회는 주님의 부활 이후 마가의 다락방에 모인 사람들입니다. 교회는 "날마다 마음을 같이 하여 성전에 모이기를 힘쓰라"(행 2:46)는 말씀을 진리로 붙들었습니다. 그런데 코로나19 이후, 교회는 오프라인의 그리스도인 공동체의 교회만이 아니라 온라인으로 함께하는 그리스도인들이 동일한 지체임을 확인시켜줍니다. 따라서 코로나 19는 교회 지경의 확장을 가져왔다는 생각도 가능할 것 같습니다.

첫째, 코로나19 이후 교회는 '예배' 지경의 확장을 가져왔습니다. 최근 학술대회나 특별강좌에서 오프라인 & 온라인 두 가지를 병행하는 사례가 등장했는데, 이는 신앙 공동체의 예배와 모임에도 적용이 가능합니다. 실제로 현재 서울대 캠퍼스에서는 대학교회의 주일예배와 수요채플(서울대, 광운대, ...)이 오프라인(대면)과 온라인(비대면) 예배를 병행하고 있습니다. 2020년 초 취소되었던 서기연 주관 기독인 신입생 수련회를 8월 중에 오프라인 & 온라인 병행하여 실시 예정인 것으로 압니다. 선교단체 예배와 모임도 마찬가지입니다. 또 개인적 차원의 비대면 국면에서의 영성 관리와 성장의 기회가 될 수 있도록 안내할 필요가 있을 것입니다,

둘째, 코로나19 이후 교회는 '봉사' 지경의 확장을 가져왔습니다. 코로나 시국에서 비대면 의료진료와 상담이 이미 실용단계에 이른 것으로 아는데요. 이것 역시 신앙공동체의 봉사 사역 확장에 좋은 발판이 될 것 같습니다. 최근 서울대 기독교수협의회(대표 홍종인 화학부 교수, 대학교회 상임위원장 박동열 불어교육과 교수, 기독대학원생모임 대표 정성지 자매, 선교단체 장

정완 간사 등이 동석함)와 횃불트리니티신학대학원 상담센터는 MOU(상호협력협약)를 체결하고, 오프라인 & 온라인 상담으로 캠퍼스의 학생들을 돌보는 사역을 금년 2학기부터 협력하기로 하였습니다. 더 정교하고 전문적인 원격 돌봄이 가능할 것 같습니다. 또 그룹 미팅보다 1:1 대면을 통한 섬김과 봉사의 기회로 삼아야 합니다.

셋째, 코로나19 이후 교회는 '교육' 지경의 확장을 가져왔습니다. '코로나19' 사태 이전에는 교회 교육의 장은 오프라인에서만 하는 것이 거의 당연시되었으나, 지난 학기 이미 대학 캠퍼스는 거의 모든 수업을 비대면으로 진행하면서, 그 가능성을 확인했고, 당사자들 중에는 캠퍼스 복음 사역을 현장에서 섬기고 있는 교수와 목회자가 포함되어 있었기에 역사적으로 중요한 전환점이 될 수밖에 없다고 봅니다. 교회 교육 현장에서도 비대면 방식의 적극적 병행을 통한 양육의 지경 확장이 가능하게 되었습니다.

넷째, 코로나19 교회는 '교제' 지경의 확장을 가져옵니다. 이것은 이미 우리 시대의 수많은 교회와 신앙 공동체에서 카카오톡방 등의 개설을 통해서 목장 & 소그룹 구성원 사이의 교제

지경의 확장수단으로 정착된 부분이라고 할 수 있습니다.

다섯째, 코로나19 이후 교회는 '선교' 지경의 확장을 가져옵니다. 고려대학교 기독교수회가 주관하는 2020년 베리타스 포럼(2020. 7. 23. 목)은 영국 옥스퍼드대의 존 레녹스(John Lennox) 교수를 주 강사로 "코로나 바이러스 세상, 하나님은 어디에 계실까"라는 주제 아래 성공적으로 개최되었는데, 그 방식이 온라인(Zoom)을 통한 방식이었으며, 제가 실무진으로 직접 섬기고 있는 (사) 기독교세계관학술동역회 2020년 추계학술대회(10월 말) 역시 "생태와 건강, 그리고 보건"이라는 주제 아래 개최되는데, 사이버(온라인) 영역에서 진행할 예정입니다.

교회는 그리스도인들의 공동체입니다. 함께 모임을 기본 정체성으로 삼습니다. 그래서 교회는 건물이나 조직체계가 아니라 나사렛 예수 그리스도를 구세주와 주님으로 믿는 사람들의 모임입니다. 그런데 '코로나19' 이후 그리스도의 몸 된 "교회" 즉, "그리스도인들의 공동체"가 초유의 위협을 받고 있습니다. 비대면 모임 측면에서만 보면 그렇습니다. 그러나 우리가 조금 관점을 달리해서, 비대면 측면의 예배나 모임을 대면 예배나 모임의 배제가 아니라 보완의 측면, 지경의 확장 측면으로 이해하시면 더 좋을 것 같습니다.

하나님의 역사적 주권과 선하심: 위기를 기회로!

우리 시대 많은 교회(신앙 공동체)와 그리스도인 청년들이 '코로나19' 시국에서 갈 바를 잡지 못하고 막연한 두려움과 불안 속에 서성이고 있습니다. '코로나19'는 동물과 인간 모두에게 감염되는, 이른바 인수공동 감염 바이러스로서, 높은 전염력과 치사율을 보이고 있는 매우 위험한 바이러스가 분명합니다. 더욱이 대다수 교회와 그리스도인들은 '코로나19' 시국이 도전하는 현장 예배와 각종 대면 모임의 금지라는 초유의 당국 권고를 따르는 데 불안함과 불편함을 경험합니다. 성경적 교회의 정체성을 우리가 훼손하는 것이 아닌가 하는 데서 오는 불안함과 두려움입니다. 그러나 이 두 측면은 얼마든지 양립이 가능한 해법이 가능하다고 믿습니다. 모든 그리스도인은 하나님이 주신 자신의 생명을 잘 보존할 책임과 의무가 있습니다. 그리고 이웃의 생명도 지키고 도와야 할 소명도 있습니다. 문제는 대변과 비대면의 측면을 병행하게 된 신앙 공동체의 자리를 어떻게 성경적으로 해석할 수 있느냐의 문제일 것입니다. 돌아보면 천동

설에서 지동설로 인식이 전환되던 때, 많은 교회 지도자들과 사람들은 기독교가 망하는 것으로 알았습니다. 그러나 역사상 기독교가 망하지 않았으며, 성경을 재해석함으로써 우리가 스스로를 다시 세웠습니다. 우리는 이제 교회도 재해석하고, 예배를 재해석해야 할지 모릅니다. 따라서 비대면 초연결사회를 하나님이 허락하신 역사적 맥락의 세상에서 우리는 교회의 정의를 꼭 대면 공동체로 제한할 필요는 없을 것 같습니다, 초연결사회의 역사의 주인은 여전히 하나님이시며, 교회는 건물이나 조직이 아닌 그리스도인의 공동체이기 때문입니다.

위기는 기회라는 말이 있습니다. 하나님이 열어주시는 역사의 새 국면은 언제나 양면성이 있습니다. 우리에게 자유의지를 통한 선택의 기회를 주시는 것이지요. 또 우리가 언제나 역사의 주인이 하나님이라는 사실을 믿을 수 있다면, 이것은 가능할 것입니다. 우리 그리스도인들이 일단 이 국면에서 하나님이 주신 자기 생명을 보존하기 위해 보건 의료적 예방의 차원에서도 최선을 다하고, 이웃사랑의 계명을 더 적극적으로 감당하는 것이 필요합니다. 단연코 그리스도인들이 비신자들의 불안과 근심거리가 되는 방향의 대책은 성경적이 아닐 것입니다. 그럼에도 불구하고 이 시대에서조차 우리 한 사람 한 사람이 대면이나 비대면의 조건에 상관없이 알곡의 예배자로 견고히 세워지고, 주변의 이웃을 더 적극적으로 사랑하고 섬기는 기회로 삼으며, 이 난국이 하루속히 지나가기를 기도할 수 있다면(빌 4:6-7) 지나치게 불안해하거나 상황을 부정적으로만 해석할 필요는 없을 것입니다.

나가는 말

제가 신학교 박사과정 때, 읽고 인상 깊었던, 레너드 스위트(Leonard Sweet)라는 신학자의 <SoulTsunami>(1999)라는 책이 있었습니다.[3] 큰 쓰나미가 몰려왔을 때, 바닷가에서 파도타기(Surfing)을 하는 사람들의 두 반응이 있을 수 있다고 했습니다. 한편으로는 "저 엄청난 파도는 전혀 예상하지 못했고, 원하지도 않았어, 그러므로 나는 반대야!" 하면서 거부하고 부정하려다 그 쓰나미에 빠져 죽는 자가 있고, 또 한편으로는 "이 파도는 너무 크고 당황스러워, 그래도 이미 부인할 수 없는 현실이라면, 저걸 타보면 어떨까, 어쩌면 이전과는 전혀 다른 더 놀라운 파도타기를 경험하게 해줄지도 몰라" 하면서 파도 타는 새 기술을 익히는 데 집중하는 자가 있을 수 있다는 것입니다. 정녕 우리가 이 국면에서조차 하나님이 창조의 주인이실 뿐 아니라 역사의 주인이라는 사실을 믿을 수 있다면, 이것도 하나님의 허용하심이 없이는 도래할 수 없는 상황이고, 하나님의 허용하심은 반드시 하나님의 선하심과 분리될 수 없을 것입니다. 그렇다면 우리는 이 '코로나19' 국면에서 돌아가야 할 자리는 어디인지, 회복되어야 할 것은 무엇인지, 또 한 걸음 더 나아가 이 국면을 통해서 하나님께서 주시고자 하는 이전에 없었던 특별한 선물은 무엇인지를 성찰하고, 기도하는 가운데 조금 더 적극적이고 능동적으로 대처를 하면 좋겠습니다. 결국, '코로나19' 국면이 우리에게 "위기일까, 기회일까?" 하는 것은 우리 각자가 적용하려는 방향에 달렸습니다. 부디 저와 여러분이 이 시기를 통하여 하나님이 주시는 성경적 메시지와 회복의 기회를 찾고 주님의 은혜와 진리 안에서, 그 뜻을 잘 감당하시는 권세의 자녀들이 될 수 있기를 기도합니다.

참고서적

1. CBS <시사자키 정관용입니다> "진정한 21세기가 시작됐다"(포스트코로나 − 서양과 동양) 김대식 교수(카이스트 뇌과학 교수) 대담, 2020년 5월 11일.

2. Leonard Sweet, *SoulTsunami: Sink or Swim in the Millennium Culture* (Grand Rapids: Zondervan 1999).

미주

[1] 물론 파이퍼 목사님은 현재 코로나19로 고통을 당하거나 고생하는 사람, 또는 그의 가족들이 오해하지 않기를 바라고 있고, 또 관련한 고통을 대비하도록 돕는 것과 성경적 의미 파악은 구별되어야 한다는 것을 전제로 한 대답입니다.

[2] 김대식 교수(카이스트 뇌과학 교수)가 지난 2020년 5월 11일, CBS '시사자키 정관용입니다'라는 라디오 프로그램, "진정한 21세기가 시작됐다"(포스트코로나 − 서양과 동양)이라는 주제의 대담에서 남긴 말이다.

[3] Leonard Sweet, *SoulTsunami: Sink or Swim in the Millennium Culture* (Grand Rapids : Zondervan 1999).

코로나 시대 지혜로운 교회생활

신동식 목사(문화와 설교연구원장, 기윤실 자발적불편운동본부장)

형통한 날에는 기뻐하고 곤고한 날에는 생각하라 하나님이 이 두
가지를 병행하게 하사 사람으로 그 장래 일을 능히 헤아려 알지
못하게 하셨느니라
(전도서 7장 14절)

처음 겪는 상황

이번 코로나19 사태는 이전의 전염병 사태와 전혀 다른 상황입니다. 정부의 투명한 정보 공개로 확진자와 사망자의 숫자를 실시간으로 접하고 있습니다. 대학들이 사이버 강의를 합니다. 초중고도 사이버로 수업을 합니다. 각종 단체의 회의가 화상으로 합니다. 가수들의 공연이 화상으로 진행됩니다. 운동경기가 무관중으로 열립니다. 해외에서 입국하면 무조건 2주간 자가격리를 합니다.

이러한 모습 가운데 교회가 자의와 타의로 예배당을 폐쇄하고 온라인상의 새로운 방식으로 예배하게 되었습니다. 사람들이 서로를 멀리하고 있습니다. 그러한 시간이 얼마나 더 지속할지 아무도 모릅니다. 현재로서는 정해진 날짜가 없다는 것이 더욱더 어려운 상황입니다.

코로나19는 경제적으로 심각한 현실을 가져왔습니다. 기업마다 구조 조정이 일어나고 있습니다. 그리고 자영업자들의 손실이 엄청나게 불어나고 있습니다. 국내 경기의 흐름만이 아닙니다. 세계 경제도 매우 어렵습니다. 올해 세계 경제성장률에 IMF는 -3%로 전망하였다. 한국은 -1.2%로 조정되었다. 중국은 1분기 경제성장률이 −6.8%라고 하였습니다. 중국은 1976년 이후 44년 만의 역(逆)성장입니다. 우리나라의 수출 주요 품목인 반도체 수출은 5-15% 감소할 것이라는 보도가 나오고 있습니다.

이제 경제는 세계적인 경제 대공황 이후로 가장 힘든 시기를 보낼 것으로 예측을 하고 있습니다. 지금의 경제적 현실은 이전의 경제 위기와 다르게 경제구조의 문제가 아니고 구조 밖에서 일어난 일이기 때문에 예측도 어렵고 회복도 쉽지 않다고 합니다.

교회의 모습도 매우 어려운 상황입니다. 교회도 새로운 구조 조정이 일어나고 있습니다. 이미 그 조짐이 교회 학교와 신학교에서 시작되었는데 이제 더 가속화될 것입니다. 지금 주일 학교가 없고, 중고등부가 없는 교회가 점점 증가하고 있습니다. 대한예수교장로회 합동 교단만 보더라도 2012년 4,000여 개 교회 중 1,800개 교회에 교회 학교가 없다고 합니다. 예장 통합 교단에 소속된 전체 교회(8,383개) 중 영아부가 없는 교회 비율은 무려 78.5%(2013년)인 것으로 나타났습니다. 그로부터 7-8년이 흐른 지금은 상황이 더 나아졌을까요? 전혀 그렇지 않습니다. 현재의 위기는 분명합니다. 여기에 2020년 신학대학원 입시 경쟁률이 한국 교회 내일의 모습을 보여줍니다. 장로회신학대 신대원은 1.84대 1, 총신대 신대원은 1.31대 1, 고신대학 신학대학원은 1.09 대1, 감리교 신학대학원과 합동신학대학원은 미달이었습니다.

기독교의 변화는 교회 학교와 신학교에서 나타나고 있었습니다. 그런데 이러한 모습이 이번 코로나 사태와 정치 경제적인 변화와 함께 그 물결이 더 거세게 밀려오고 있습니다. 교회의 변화는 단지 숫자적인 축소만이 아닙니다. 공적 영역에서의 권위도 추락하고 있습니다. 이것은 강한 정부의 등장을 의미합니다. 지금은 교회의 결정과 소리보다 국가의 소리에 빨리 반응합니다. 이것은 코로나와 같은 위기에서는 자연스러운 모습일지 모르지만, 일상의 정책에서도 나타날 수 있습니다. 교회의 영향력은 철저하게 교회 생활에만 적용하려고 하는 의식적 신앙을 추구하고 삶의 방식으로서의 기독교의 모습이 약해질 수 있습니다.

포스트 코로나 시대는 뉴노멀 교회가 등장할 것으로 예측합니다. 전혀 새로운 교회가 올 것이기에 제대로 준비하여야 한다는 소리가 터져 나옵니다. 현 인류가 한 번도 경험하지 못한 팬데믹 상황에서 우리가 갈 길은 만만하지 않습니다. 어떻게 사는 것이 지혜로운 생활인지 하나씩 생각하고자 합니다.

곤고한 날에는 생각하라

전도서 말씀은 우리에게 위기의 시대에 지혜로운 교회 생활에 대하여 안내하고 있습니다. 전도서 7장 14절 말씀입니다. 이 말씀의 의미를 잘 이해하는 것이 우리에게 큰 유익이 됩니다.

"형통한 날에는 기뻐하고 곤고한 날에는 생각하라 하나님이 이 두 가지를 병행하게 하사 사람으로 그 장래 일을 능히 헤아려 알지 못하게 하셨느니라"

전도자는 "형통한 날에는 기뻐하고 곤고한 날에는 생각하라"라고 합니다. 이 말씀에 비추어 보면 지금은 형통한 날이라고 할 수 없습니다. 그래서 기쁨이 많이 사라졌습니다. 코로나19 시대인 지금은 '곤고한 날'입니다. 이 단어는 '나쁜, 사악한, 불쾌감을 주는, 해로운, 고통, 상처, 재난'을 의미합니다. 코로나19 상황은 '곤고한 날'입니다. 전도자는 '곤고한 날'에는 "생각하라"라고 강조합니다. 이 단어는 '인지하다, 숙고하다, 발견하다, 관찰하다, 주목하다, 분별하다'라는 의미를 지닙니다. 이 말을 정리해 보면 코로나19와 같은 곤고한 날에는 '인지하고, 분별함'이 중요하다는 말이 됩니다. 이것이 지혜로운 자의 자세입니다.

하나님은 전염병을 왜 허락하셨을까?

하나님은 전염병을 왜 허락하셨을까? 전염병을 허락하신 하나님의 뜻은 무엇일까? 이 질문에 대한 답을 알고 있으면 속이 시원할 것입니다. 하지만 누구도 하나님의 뜻을 온전히 알 수 없습니다. 그렇다고 완전히 모르는 것도 아닙니다. 무슨 의미일까요? 하나님은 자신의 뜻을 성경을 통하여 모두 알려주셨습니다. 인간이 알 수 있도록 남겨 주셨습니다. 그러나 오묘한 것은 알 수 없습니다. 오직 드러난 일만 알 수 있습니다. 신명기 29장 29절은 하나님의 마음을 알려주십니다.

"오묘한 일은 우리 하나님 여호와께 속하였거니와 나타난 일은
영구히 우리와 우리 자손에게 속하였나니 이는 우리로 이 율법의
모든 말씀을 행하게 하심이니라"

오묘한 일은 감추어진 것을 의미합니다. 감추어진 일은 하나

님께 있습니다. 그래서 우리가 온전히 알 수 없습니다. 그러나 나타난 일은 우리가 알 수 있습니다. 코로나19와 같은 상황은 나타난 일일까요? 감추어진 일일까요? 참으로 쉽지 않습니다. 하지만 곤고한 날에는 생각하라고 하였으므로 감추어진 일인지 나타난 일인지 생각하여야 합니다.

하나님의 알려주심

코로나19를 보면서 알 수 있는 하나님의 뜻은 인간의 탐욕에 대한 하나님의 경고입니다. 더 이상 이렇게 파괴하고 욕망을 배설하는 삶을 살다가는 파멸에 이르게 될 것임을 보여주는 경고입니다. 경고는 반드시 심판이 따라옵니다. 그러나 분명한 것은 마지막은 아니라는 사실입니다. 그러므로 심판을 준비하여야 합니다. 세상은 하나님의 최후 심판을 비웃습니다. 그러나 모두가 슬피 울며 이를 가는 날이 있습니다. 사람에게는 한 번 죽음이 오지만 그 이후에는 심판이 있습니다. 하나님의 경고는 심판을 대비하라는 나팔소리입니다.

하나님의 숨겨진 뜻은 누구도 알 수 없습니다. 오직 하나님이 알려주셔야만 가능합니다. 하지만 분명한 사실은 경고를 주시는 하나님, 심판을 내리시는 하나님은 선하시고 공의롭습니다. 코로나19를 주신 하나님은 선하고 공의로우신 분입니다. 이 사실에서부터 팬데믹 상황을 이해하여야 합니다.

하나님의 요구

팬데믹과 같은 상황은 성경에도 역사에도 있었습니다. 하나님은 팬데믹의 상황을 극복하는 길을 알려주셨습니다. 그 대표적인 비결이 바로 솔로몬에게 주신 말씀입니다.

하나님은 솔로몬에게 재난을 이길 수 있는 비밀을 알려주셨습니다. 솔로몬이 자신에게 주신 사명에 따라서 성전을 건축하고 낙성식을 끝냈습니다. 참으로 영광스러운 날입니다. 하나님은 그날 밤에 솔로몬에게 나타나셔서 영적인 비밀을 알려주십니다. 그것은 재난이나 고난이 왔을 때 이기는 방법이었습니다. 솔로몬이 들은 말씀은 모든 성도들에게 주신 말씀입니다. 이 말씀이 재난 가운데 다시 살아날 수 있는 해법입니다.

"밤에 여호와께서 솔로몬에게 나타나사 이르시되 내가 이미 네 기도를 듣고 이곳을 택하여 내게 제사하는 전을 삼았으니 혹 내가 하늘을 닫고 비를 내리지 아니하거나 혹 메뚜기로 토산을 먹게 하거나 혹 (전)염병으로 내 백성 가운데 유행하게 할 때에[1] 내 이름으로 일컫는 내 백성이 그 악한 길에서 떠나 스스로 겸비하고 기도하여 내 얼굴을 구하면 내가 하늘에서 듣고 그 죄를 사하고 그 땅을 고칠지라 이곳에서 하는 기도에 내가 눈을 들고 귀를 기울이리니 이는 내가 이미 이 전을 택하고 거룩하게 하여 내 이름으로 여기 영영히 있게 하였음이라 내 눈과 내 마음이 항상 여기 있으리라"(대하 7:12-16)

가뭄과 메뚜기 재앙과 전염병의 유행이 있다고 말씀합니다. 누구도 원하지 않는 상황이지만 이러한 재앙이 있습니다. 하나님은 그 사실을 말씀합니다. 하나님이 허용하시면 사람들은 피할 수 없는 재난 가운데 살아야 합니다. 하지만 하나님은 공의롭고 선하십니다. 이 사실은 절대 변하지 않습니다. 하나님의 공의와 선하심이 재난을 이기는 힘이 됩니다.

하나님은 솔로몬에게 재난 앞에서 할 일을 알려주십니다. 네 가지 모습입니다. 첫째, 악한 길에서 떠나는 회개입니다. 둘째, 겸손한 기도입니다. 셋째, 하나님을 찾는 기도입니다. 넷째, 성전에서의 기도입니다. 성전은 하나님의 임재의 장소입니다. 그러면 하나님은 들으시고 땅을 고쳐 주신다고 하였습니다. 재난이 오지만 피할 수 있는 길을 알려주셨습니다. 이것은 지금도 같습니다. 하나님이 알려주시는 방법이 온전합니다. 그래서 재난 가운데 지혜롭게 사는 사람은 하나님이 알려주신 그 비밀을 순종합니다. 그것이 자기 부인이고 다시 사는 길입니다. 비밀을 안다면 비밀에 순종해야 합니다.

코로나19 시대의 지혜로운 경건생활

하나님의 요구를 잘 기억하면서 개인적으로 준비하여야 할 것이 있습니다. 바로 지혜로운 경건생활입니다. 주변을 돌아보아도 온통 스트레스가 가득합니다. 매일 울리는 안전안내문자는 정말 삶을 힘들게 합니다. 그렇기에 지혜로운 경건 생활이 필요합니다. 사실 이번 코로나바이러스는 점점 지구가 한 마을로 구성되어 있음을 보여주고 있습니다. 지구 반대편에 있는 사람들이 같은 질병에 걸려서 어려움을 겪고 있습니다. 같은 질병으로 죽음에 이르고 있습니다. 이제 지역과 관계없이 민족과 상관없이 같은 질병으로 인하여 어려움을 맞을 수 있음을 보여주고 있습니다. 세계 어느 곳도 안전하지 않습니다. 이러한 현실 가운데 개인이 할 수 있는 일을 잘 찾아서 준비하여야 합니다. 곤고한 날에 생각하라고 하셨던 말씀대로 개별적 준비를 제안합니다.

근육과 면역력 프로젝트

전염병을 막는 일에는 백신 개발이 가장 중요합니다. 백신은 응전(應戰)의 결과입니다. 그러나 백신이 개발되기 전까지 개인이 하여야 할 일이 있습니다. 그것은 모든 역사 속에서 해왔던 방법입니다. 바로 개인 위생입니다. 특별히 손 씻기는 매우 중요합니다. 손 씻는 것이 전염병을 예방하는 보편적인 응전입니다. 그리고 자발적 불편으로 서로를 향하여 조심하는 일입니다. 이 일에 자신의 건강을 유지할 뿐 아니라 마스크를 쓰는 일도 포함됩니다.

그러나 무엇보다도 강력한 응전은 우리 몸의 면역력을 키우는 일입니다. 젊은 시절에는 면역력에 대하여 무관심합니다. 건강을 자신하기 때문입니다. 하지만 노화되는 우리의 몸은 바이러스의 도전에 매우 취약합니다. 바이러스에 응전하려면 면역력을 잘 키워야 합니다. 특별히 근육을 단련하는 일은 성경을 묵상하는 것만큼 소중합니다.

코로나19 시대는 비대면 시대요 온라인 시간이 많아지므로 면역력과 근육을 망가트리는 데 최적의 환경입니다. 바이러스는 이러한 우리의 상황을 집요하게 파고들어서 힘들게 합니다.

그래서 철저한 응전이 필요합니다. 다시는 우리를 가볍게 보지 못하도록 준비해야 합니다.

근육과 면역력을 키우는 데 좋은 방법을 알려드립니다. 이것은 호불호가 있지만, 코로나19 시대에 매우 의미 있는 작업이 되리라 생각합니다. 그것은 '북한산 정복'입니다. 수도권에 있는 산 가운데 가장 아름답고 역사적으로 가치가 있는 북한산 봉우리를 차례대로 정복하는 프로젝트를 세워본다면 코로나19 시대를 지혜롭게 보낼 수 있으리라 생각합니다. 처음에는 힘들 수 있지만 갈수록 성취감과 건강에 대한 기쁨이 다가올 것입니다. 저도 차례대로 정복하고 있습니다.

물론 북한산 등정이 아닐지라도 과감하게 근육과 면역력을 키울 수 있는 자리로 나가야 합니다. 코로나19에 대한 응전이 없으면 비참한 최후를 맞이할 수 있습니다. 자신이 가장 잘할 수 있는 근육과 면역력 향상 프로젝트를 만들어야 합니다. 건강이 무너지면 모든 것이 망가짐은 상식입니다. 그런데 상식을 교만과 게으름으로 인하여 몰상식의 자리로 내몰고 있습니다. '북한산 정복'은 작은 성취감과 동시에 육적인 건강은 물론 자신을 돌아보고 다음 걸음을 걸을 수 있는 좋은 시간이 됩니다.

자아 성찰을 위한 투자

하나님은 곤고한 날에는 생각하라고 하셨습니다. 이 명령을 순종하는 이들은 놀라운 변화를 맞이합니다. 그런 의미에서 위기의 시대에는 자신을 성찰하는 일이 정말 필요합니다. 자신을 돌아볼 때 재난을 허용하시는 하나님의 뜻을 좀 더 선명하게 알 수 있습니다. 하나님의 일하심에는 우연이란 존재하지 않습니다. 그렇다면 우리는 하나님의 뜻을 묻고 자신을 돌아보아야 합니다.

재난의 상황에서 많은 사람들이 현실을 쉽게 비판합니다. 전염병 사태가 일어나자 환경 파괴에 대한 비판이 줄을 이었습니다. 그러나 이러한 면피는 의미가 없습니다. 이럴 때일수록 환경과 다른 이를 향한 손가락질 전에 자신을 돌아보아야 합니다. 자신의 눈에 있는 들보를 정확하게 아는 일이 필요합니다. 그것이 회복의 시작입니다. 나와 교회를 향한 하나님의 뜻을 늘 물어보아야 합니다. 그리고 이웃과 상황에 대하여 함부로 내뱉는 저주의 말은 조심해야 합니다. 그 말이 부메랑이 되어서 자신에게 돌아올 수 있습니다. 오히려 하나님께서 이 사건을 통하여 말씀하시는 가르침을 듣는 것이 우선입니다.

자아 성찰을 위하여 팁을 드립니다. 우선 '성경 통독'입니다. 성경 통독은 읽는 것도 있지만 듣는 것도 가능합니다. 성경 통독은 삼위 하나님을 깊이 아는 즐거움을 누립니다. 하나님을 아는 지식은 나를 알게 합니다. 성경 통독 가운데 본문을 50번씩 듣는 것도 매우 유익합니다. 저는 갈라디아서를 100번 듣고 읽고 있습니다. 이것도 방에서 하는 것이 아니라 '만 보 프로젝트'와 함께함은 매우 좋습니다.

'독서'도 새로운 방법으로 해보는 것입니다. 주제별, 작가별로 한 번에 읽는 일도 시도합니다. 저는 주제별로 요일에 따라서 일정 부분을 읽고 있습니다. 코로나19가 주는 가장 큰 공격은 삶을 우울하게 만드는 일입니다. 그래서 코로나19로 죽는 것이 아니라 우울증으로 죽는 사람이 더 많겠다는 자조 섞인 이야기가 있습니다. 이러한 도전을 이기는 길은 자기만의 삶의 즐거움으로 응전하는 일입니다.

자아 성찰을 위하여 한 가지 더 말씀드린다면 '기록 남기기'입니다. 기록을 남기는 작업은 방법에 따라 다를 수 있습니다. 수필, 일기, 사진, 음성으로 남길 수 있습니다. 그리고 '설교 묵상과 적용'을 요약하여 남기는 작업입니다. 이러한 것이 모이면 나를 더 깊이 알게 될 수 있습니다. 세상은 맘몬의 지배를 받아서 살아가고 있을 때 나를 깊이 만날 수 있는 것이 지혜로운 시간을 보내는 것이라 할 수 있습니다.

도보기도 만 보 프로젝트

하나님의 뜻을 묻고 아는 일에 집중하려면 기도의 자리를 가져야 합니다. 기도가 위기의 시대를 사는 강력한 무기입니다. 기도는 방어와 공격을 다 할 수 있습니다. 기도할 때 적의 침략을 막을 수 있고, 적을 향하여 대적할 수 있습니다. 시편의 기도는 이러한 모범을 잘 보여주고 있습니다. 세상 군왕들의 어리석음을 책망하고 기도하는 모습을 봅니다. 하나님의 뜻을 구하고 악인의 멸망을 향하여 탄원하는 기도를 봅니다. 고통과 괴로움 가운데 마침내 승리가 있을 것임을 확신하는 기도를 봅니다.

그런 의미에서 지금은 두려움이 아니라 기도가 우선되어야 합니다. 두려움은 그 어떤 도전도 이길 수 없습니다. 그러나 기도는 모든 도전에 응전할 수 있습니다. 지금 기도가 정말 필요합니다. 고통받는 분들과 의료진과 각종 공적인 영역에서 일하시는 분들을 위하여 기도하고, 교회가 위기를 잘 극복할 수 있도록 기도해야 합니다. 그리고 성도들의 건강을 위하여 더욱 힘써 기도해야 합니다.

그런데 지금 기도의 시간을 갖는 것이 불편하게 느껴지고 있습니다. 소모임도 제지당하고 있는 시점이기 때문입니다. 그렇다고 포기할 수 없습니다. 그래서 코로나19에 걸맞은 기도를 말씀드립니다. 그것은 '도보기도'라고 말하고 싶습니다. 건강도 챙기고 성경도 읽고 하나님과 소통을 할 수 있는 일입니다. 도보기도는 말 그대로 걸으면서 하는 기도입니다. 그런데 무작정 걷는 것이 아니라 '만 보 프로젝트[2]'입니다. 하루에 만 보 걷기는 최상의 건강을 만드는 일입니다. 그러나 이 시간이 단지 건강만을 위한 시간이 아닌 영적인 회복의 시간이 될 수 있습니다. 만 보는 보통 6km가 됩니다. 1.5km로 나누면 4번의 쉼이 있습니다. 이 구간을 잘 이용하면 매우 유익합니다.

제가 사는 동네에는 6km 정도 되는 둘레길이 있습니다. 둘레길은 복분자가 수두룩한 길입니다. 그래서 매일 새롭습니다. 만 보는 빠르게 걸으면 1시간 30분, 천천히 걸으면 2시간이 됩니다. 저에게 이 둘레길은 매우 중요합니다. 매일 걷는 시간은 다릅니다. 저는 독일의 철학자 칸트와 같은 사람이 아닙니다. 칸트와 같은 사람이 되기도 원치 않습니다. 그러나 이 시간을 즐기려고 합니다. 사실 코로나가 없었다면 생각하지 않았던 시간 이었습니다. 그런데 코로나19가 저에게 삶의 변화를 가져다주었습니다. 우울함이 아니라 지혜롭게 사는 방법을 생각하게 하였습니다. 그래서 탄생한 것이 '도보기도 만 보 프로젝트'입니다. 그럼 구체적인 내용을 말씀드립니다.

첫 번째 1.5km는 말씀을 듣습니다. 두 번째 1.5km는 교회와 성도를 위하여 도고기도를 합니다. 세 번째 1.5km는 설교를 듣습니다. 물론 이 설교는 제 설교입니다. 네 번째 1.5km는 다양한 강의를 듣습니다. 때로 영어설교도 듣습니다. 물론 순서가 바뀔 때도 있습니다. 그러나 매일 이 순서대로 걸으면서 코로나19에 응전하고 있습니다. 우울함에 머물지 마시고 '도보기도 만보 프로젝트'에 도전하시기 바랍니다.

이번 바이러스로 유례가 없는 상황을 맞이하고 있습니다. 이때 더욱 힘을 다한 기도와 지혜로움이 필요합니다. 하나님은 합력하여 선을 이루십니다. 우리의 생각에는 이해할 수 없는 일들이 많이 있지만, 하나님은 이 일을 통하여 당신의 뜻을 이뤄 가십니다. 그래서 불편하고 힘들지만 두려워할 필요는 없습니다. 자신이 감당할 것을 책임 있게 감당할 때 순식간에 봄이 찾아오듯이 복된 일상을 맞이할 것입니다.

격변의 시대를 살기

코로나19는 지나갈 것입니다. 얼마의 시간이 걸릴지 모르지만 지나갑니다. 그리고 자연스럽게 코로나 이후의 시대가 옵니다. 이곳 저곳에서 포스트 코로나는 새로운 기준의 삶이 주어질 것이라고 강조합니다. 코로나 사피엔스라는 말도 등장하였습니다. 그만큼 코로나 19가 격변을 가져왔습니다. 그래서 교회도 새로운 기준을 생각하여야 한다고 아우성입니다. 뉴노멀(새로운 기준) 교회는 어떤 교회일까요? 참으로 기대됩니다. 이것이 우리가 다시 생각하여야 할 지점입니다.

새로운 교회인가? 본래의 교회인가?

포스트 코로나 시대의 교회 대전환은 싫든 좋든 피하지 못하고 맞이하여야 합니다. 이때 우리에게 16세기 교회개혁의 역사는 중요한 모델이 됩니다. 세상이 이성과 과학의 시대로 전환되면서 하나님을 부정하고 교회를 무시하였습니다. 그러나 역사 속에서 교회는 유지되었고 살아남았습니다. 18세기의 학자 볼테르가 200년이 지나지 않아 기독교는 세상에서 없어질 것이라고 하였지만 200년이 지난 지금도 복음은 전해지고 있고 교회는 세워지고 있습니다.

포스트 코로나는 교회 대전환을 위해 새로운 교회를 만들라고 말하지 않습니다. 새로운 교회라는 개념은 시대의 사상입니다. 기존의 교회 개념에서 과감하게 탈피하자는 말이 될 수 있습니다. 그러나 그 말이 성경의 가르침에서 벗어난다면 새로운 교회가 아니라 새로운 집단이 됩니다. 그러한 예들은 역사 속에서 무수히 많았고 지금도 우리 주변에서 볼 수 있습니다. 교회의 부정적인 소식 때문에 새로운 교회가 필요하다는 이야기가 많습니다. 그 마음은 이해가 됩니다. 이들은 팬데믹 상황을 빌미로 삼아서 교회의 새로운 개조를 말하고 있습니다. 그러나 위험한 요소들이 나타납니다. 새로운 교회를 말하는 이들은 성경의 가르침보다는 시대의 문화와 상황이 기준이 되고 있습니다. 그리고 교회의 본질의 회복이 아니라 생존만을 강조합니다. 성경이 말하는 교회가 아니라면 존재 가치가 없습니다. 억지로 교회의 수명을 연장하는 것이 무슨 의미가 있습니까?

팬데믹은 우리에게 새로운 교회가 아니라 본래의 교회로 돌아가라고 말합니다. 본래의 교회는 개혁된 교회입니다. 교회는 세워진 이후 끊임없이 개혁됐습니다. 개혁은 철저하게 성경으로 돌아가는 일입니다. 성경이 말하는 교회를 세우는 것이 하나님이 뜻입니다. 팬데믹 상황이 왔다고 새로운 교회가 필요하다는 생각이 들 수 있지만 성경의 눈으로 잘 분별하는 일이 필요합니다.

특별히 교회의 회복과 개혁된 교회의 모습에서 눈여겨보아야 할 것은 목자는 양을 알고 양은 목자를 아는 교회로 돌아가는 전환입니다. 대형마트와 같은 교회가 아니라 동네 가게와 같은 교회로 전환해야 합니다. 온 세대가 함께 예배하는 공동체로의 전환이 필요합니다. 수천 명, 수만 명이 모이는 교회는 큰 의미가 없어질 것입니다. 얼굴과 얼굴을 마주 볼 수 있는 교회로 전환이 있어야 합니다.

팬데믹은 성경이 말하는 교회가 무엇인지를 돌아보라고 경고합니다. 지금까지 달려온 교회의 모습이 성경이 말하는 바른 교회인지, 종교개혁자들이 남겨 주었던 참 교회인지를 생각하라고 요청합니다. 인격적인 교제가 없는 교회, 기업처럼 크기만 강조하였던 교회가 지금의 현실에서 가장 많은 스트레스를 받고 있습니다. 교육, 교제, 말씀이 제대로 작동하지 않습니다. 팬데믹의 경고는 지금의 교회를 돌아보고 새로운 성장을 위한 교회를 만들라는 것이 아닙니다. 본래의 교회, 개혁된 교회의 회복입니다. 바른 복음이 온전히 선포되고, 믿음의 고백이 있고, 회심의 역사가 있으며, 인격의 나눔이 있고, 문화 사명을 충실하게 감당하는 교회로 개혁되어야 합니다.

미래는 과거에 있다

성경과 교회사가 가르쳐 주었던 예배의 모습은 비상 상황으로 변개(變改)되지 않습니다. 그것은 역사를 통해서도 잘 알 수 있습니다. 초대교회의 위기는 재난이 아니라 핍박이었습니다. 위대한 선교사인 사도 바울은 로마에 압송되어 가택 연금 상태에 있었습니다. 그는 순교의 그 날까지 연금 상태에서 복음을 전하였습니다. 비록 광장에서 외치지는 못했지만 집에서 복음을 전하였습니다. 그러나 핍박은 거세어졌습니다. 그것도 권력자의 거짓된 소문과 가짜 뉴스에 편승한 핍박이었습니다. 이때 초대교회 성도들은 모여 예배하는 것이 어려워지자 카타콤베로 들어가서 예배하였습니다. 정상적인 모습은 아니었습니다. 하지만 비상사태에 합당하게 지냈습니다. 그러나 예배의 모습을 변경하지 않았습니다. 카타콤베에서 나왔을 때 예배는 온전히 회복되었습니다.

또한, 초대교회 시대 이후 개혁파 신앙을 간직한 교회였던 발도파[3] 교회는 로마 가톨릭의 핍박으로 예배가 힘들어지자 스위스와 이탈리아의 산속의 동굴에서 모였습니다. 동굴교회는 정상적이지 않았습니다. 발도파 성도들은 도피하면서 예배하였습니다. 비상 상황이었기 때문입니다. 그러나 예배의 형태는 유지하였습니다. 종교개혁으로 신앙의 자유를 얻었을 때 흩어진 모든 성도는 같은 형태로 예배하였습니다.

청교도들은 정부의 핍박 가운데 순교로 저항하였습니다. 화형을 당하는 것을 감당하였습니다. 가택연금을 당하자 창문을 열고 설교하였습니다. 감옥에 갇히면 설교를 써서 전하였습니다. 존 번연의 천로역정은 감옥에서 쓰인 구원론에 관한 책입니다.

중국과 북한의 교회들은 오랜 시간 비상 상황 가운데 있습니다. 감당할 수 없는 고난이 있었습니다. 그래서 정상적인 모습이 아니라 비상적으로 가정과 토굴에서 모여서 예배하고 있습니다. 모든 형식을 다 갖춘 예배는 아닙니다. 그러나 자유가 주어지면 성경이 말하는 예배가 회복될 것입니다. 그래서 보편 교회의 일원으로 존재하게 됩니다.

비상적인 상황이 영원히 지속될 것 같다는 생각은 역사를 통하여 볼 때 합리적이지 않습니다. 그러므로 공교회의 동의 없이 시대의 사상과 문화로 예배의 형태를 변경시키는 것은 선구자적인 생각이라고 할 수 없습니다. 위기의 시대라 해도 일상에서 행하였던 예배에 본질적인 요소를 최소한 갖추는 것이 필요합니다. 더구나 신학적인 논의와 공교회의 동의 없이 개인적인 생각으로 결정하는 것은 정말 위험합니다. 교회의 역사는 부족하지만 공교회의 신학적 동의를 통하여 세워졌습니다. 그러므로 과학의 발전과 팬데믹의 상황이 절묘하게 맞아떨어진 상황이지만 공교회의 신학적인 동의를 앞서가는 것은 지양하여야 합니다. 시대의 변화는 막을 수 없습니다. 부정할 수 없는 현실입니다. 그래서 더욱 필요한 모습은 변화된 예배가 아니라 개혁된 예배[4]입니다. 존 루카치는 "나는 미래를 보았고 그것은 과거였다"[5]고 하였습니다. 가택연금, 카타콤베교회, 동굴교회, 토굴교회, 가정교회는 우리의 과거이자 미래입니다.

어두움 이후에 빛이[6]

위기의 시대를 사는 강력한 힘을 선택하라고 한다면 사랑을 말하고 싶습니다. 재난의 시기에 가장 빨리 마르는 것이 사랑입니다. 그러나 교회의 존재 이유가 구원의 선포이며 하나님의 영광을 나타내는 것입니다. 이 일의 근원은 하나님의 사랑에 있습니다. 하나님은 사랑입니다. 이 사랑은 변함이 없는 사랑입니다. 하나님은 변절하는 사랑을 가장 싫어합니다. 하나님의 속성에 맞지 않습니다. 그래서 소아시아의 에베소 교회를 책망할 때 처음 사랑을 잃은 것을 지적하셨습니다. 코로나19 시기를 잘 보내려면 무엇보다도 사랑이 우리 가운데 충만해야 합니다.

하나님은 우리를 사랑하셔서 아들을 보내주셨습니다. 그 아들은 우리를 위하여 사랑하시되 십자가에 죽기까지 하셨습니다. 예수님의 사랑을 받은 교회가 감당할 일은 사랑입니다. 사랑이 없다면 아무것도 아니라고 말씀합니다. 위기의 시대를 맞이하는 교회는 사랑을 준비하여야 합니다. 종교개혁 당시에 일어났던 흑사병에 교회와 지도자들은 헌신적으로 사랑을 베풀었습니다. 그 사랑이 흑사병이 지난 후에 교회를 더욱 강건하게 하였습니다.

코로나는 교회가 사랑을 실천할 기회를 제공하고 있습니다. 어떻게 실천할 것인지는 교회마다 다릅니다. 그러나 사랑을 할 기회는 계속 찾아올 것입니다. 말과 혀로만 사랑하지 말고 행동함과 진실함으로 사랑을 할 수 있어야 합니다. 무엇을 하든지 사랑으로 진리를 전하고 나눠야 합니다.

그리고 격변의 시대를 견디는 또 하나의 힘은 "변함없는 성경"입니다. 포스트 코로나 시대의 핵심도 "다시 오직 성경"입니다. 근대에 들어오면서 가장 큰 변화는 성경 가치의 상대화입니다. 성경이 절대적 삶의 기준으로 존재하지 않았습니다. 성경은 삶에 있어서 필요한 도구 중 하나가 되었습니다. 그러다 보니 강단에서도 말씀의 강조는 빈약하여졌습니다. 특별히 복음 선포를 통한 믿음 고백이 없었습니다. 그러기에 교회 건물은 커지고 사람은 많이 모이나 구원받은 성도가 적었습니다. 포스트 코로나는 이러한 구원의 확신이 분명한 성도의 모습을 확인시켜 주고 있습니다.

새로운 교회가 아니라 "다시 오직 성경으로 돌아가는 교회"로 전환되어야 합니다. 성경으로의 전환이 바로 교회의 개혁입니다. 이것이 새로운 문명이 다가오는 격변 시대에 여전히 적합한 교회라 할 수 있습니다. 세상은 변하지만, 말씀은 변하지 않습니다. 말씀이 모든 문명의 기준입니다. 모든 교회의 기준입니다. 외형은 변화되겠지만 성경은 변화되지 않습니다. 그러므로 성경이 문명과 교회의 전환 시기에 중심입니다.

　과학주의가 발달하고 기계 문명이 영혼을 사로잡아 신앙을 종 노릇 하지 못하게 하는 길은 말씀으로 영혼을 가득 채우는 일입니다. 그래서 말씀 읽기와 교리 공부는 무엇보다도 중요합니다. 중세의 험난한 상황에서 하나님은 오직 성경으로 돌아가게 하였습니다. 인류의 사상사에 큰 회오리바람이 불 때마다 교회는 휘청거렸습니다. 이성의 한계 내에서 종교를 말하던 사상은 신앙의 길을 바꾸게 하였습니다. 그러나 하나님은 다시 성경을 통하여 그 길을 바로 세웠습니다.

　팬데믹이 우리에게 길을 바꿀 것을 강제하는 것처럼 보입니다. 이전보다 거세게 달려들고 있습니다. 그러나 교회를 허물지 못합니다. 성경이 있기 때문입니다. 하나님의 작정하심이 있기 때문입니다. 팬데믹의 상황이 교회를 더욱더 세차게 몰아붙일 때 우리는 더욱더 성경으로 돌아가야 합니다. 성경이 말씀하는 소리를 듣는 것이 위기의 시대를 이기고 교회를 건강하게 세우는 일입니다. 다시 오직 성경이 더 외쳐져야 하는 시간입니다.

　하나님은 코로나19라는 경고 나팔을 불고 있으십니다. 우리가 정신을 차리고 나팔 소리를 들어야 합니다. 어두움 후에 빛이 있습니다.

"이 세상도, 그 정욕도 지나가되 오직 하나님의 뜻을 행하는 이는
영원히 거하느니라" (요일 2:17)

참고문헌

1. 권현익, 『16세기 종교개혁 이전 참 교회의 역사』, 서울: 세움북스, 2019.

2. 오스 기니스, 『선지자적 반시대성』, 김형원 역, 서울: 이레서원, 2016.

미주

[1] 밑줄은 저자 강조

[2] 하루 10,000보(步)를 걷는 운동

[3] 권현익, 『16세기 종교개혁 이전 참 교회의 역사』(서울: 세움북스, 2019)를 참고하기 바랍니다. 종교개혁 이전의 참 교회의 역사를 알 수 있고, 그 가운데 존재하였던 발도파 교회의 신앙을 볼 수 있습니다.

[4] 개혁은 새로움을 의미하지 않습니다. 개혁은 성경의 본질로 돌아가는 것을 의미합니다. 성경이 말하는 것이 무엇인지를 끊임없이 살피고 순종하는 것이 바로 개혁(Reformed)입니다. 그런 의미에서 개혁된 예배는 성경이 말씀하는 본질을 세우는 예배입니다.

[5] 오스 기니스, 『선지자적 반시대성』, 김형원 역, 서울: 이레서원, 2016, 179.

[6] 이 글의 확장된 내용은 저자의 『팬데믹과 교회격변』(신동식, 고양: 우리시대, 2020)에서 다루고 있습니다.

2부

포스트 코로나19 시대

주의 은혜의 해를 실천하는 희년 공동체

김유준 목사(연세차세대연구소장)

코로나19 이후의 대학교육

이종철 교수(광운대학교 전자융합공학과)

하나님이 이기십니다 : God wins

김태형 목사(석관중앙교회 청년부 담당)

코로나19 시대의 캠퍼스 사역

나영호 간사(UBF)

주의 은혜의 해를 실천하는 희년 공동체

김유준 목사(은진교회, 연세차세대연구소장, 한신대 겸임교수)

이는 다른 사람들은 평안하게 하고 너희는 곤고하게 하려는 것이
아니요 균등하게 하려 함이니 이제 너희의 넉넉한 것으로 그들의
부족한 것을 보충함은 후에 그들의 넉넉한 것으로 너희의 부족한
것을 보충하여 균등하게 하려 함이라
(고린도후서 8장 13절-14절)

들어가는 말

코로나19로 인한 사회적 거리두기로 전 세계의 대다수 사람들이 절망의 늪에 빠져 있습니다. 언제 끝날지 모르는 바이러스 확산으로 인한 두려움과 질병의 고통 속에 신음하고 있습니다. 가족과 친구의 죽음 앞에서도 감염의 위험 때문에 병문안을 통한 위로도 못 해주고 장례식에서 함께 슬퍼하는 것조차 제대로 할 수 없는 안타까운 현실이 지속되고 있습니다. 심지어 정부의 방역강화 조치로 인해 대면예배는 전면 금지되고 비대면 예배만 허용될 정도로 심각한 상황입니다. 더 큰 문제는 이러한 코로나19 사태가 언제까지 지속될지 아무도 예측할 수 없기에 대부분의 사람들은 감염에 대한 우려는 물론 생계에 대한 걱정으로 막막해하며 불안함에 휩싸여 있습니다.

많은 사람들은 고독을 두려워합니다. 대부분 고독의 유익을 알지 못한 채, 고독을 공허함으로 간주합니다. 아무도 자신을 찾지 않거나 기억해주지 않는 쓸쓸하고 외로운 상황으로 생각합니다. 그래서 사람들은 고독이 무서워서 부단히도 새로운 만남과 사귐을 찾아다닙니다. 그들은 홀로 있을 수 없어서 사람들 사이에 함께하기를 갈망합니다. 사실 현대인들이 찾는 것은 진정한 사귐이 아니고, 자신의 외로움을 잠시나마 달래며 잊게 하는 것입니다. 자신의 존재감을 확인하고 누군가가 자신을 인정해주길 바라는 목마름의 표현에 불과합니다. 그러나 그러한 만족과 채움은 훨씬 더 심한 외로움과 공허함 앞의 일시적 위로에 불과한 것입니다. 공허함 속에서 무언가를 채우려고 할 때, 독이 든 양분처럼 자신의 내면은 갈증과 절망 속에서 서서히 말라비틀어지고 결국에는 죽음에 이르게 됩니다. 참된 고독 가운데 하나님과의 교제를 누리지 못하는 영혼은 다른 사람들과의 진정한 교제와 만남도 누리지 못합니다. 결국 영혼 깊은 외로움과 절망으로 신음하며 죽어갈 뿐입니다.

인생의 공허함에 시달리는 우리에게 많은 사람들의 찬사와 추앙은 정말 달콤하고도 매력적인 유혹입니다. 자부심은 물론 자신의 존재감을 확인할 수 있는 최고의 순간일 것입니다. 하지만 예수님은 그러한 찬사와 칭송, 그러한 인정과 환호를 뒤로한 채, 오직 홀로 거하셨습니다. 예수님은 공허한 인생이 아닌 고독한 인생을 선택하셨습니다. 고독한 인생은 진정한 홀로서기를 할 때 가능하며, 그 고독의 순간이 바로 하나님을 만나는 시간이기 때문입니다. 참된 고독은 오직 하나님 아버지께만 우리의 소망을 둘 때 가능하기 때문입니다.

다른 이들과 만나 이야기하며 함께 무언가를 해야만 자신의 존재감을 느끼던 수많은 사람들이 '사회적 거리두기'(Social Distancing)로 인해 이제는 대부분 시간을 집 안에서 가족과 함께 보내거나 홀로 시간을 보내지 않으면 안 되는 삶으로 변화하고 있습니다. 타인과 함께 살아가는 기쁨으로 여러 모임을 가지고 외식도 하고 여행도 즐겼지만, 이제는 타인을 위한 배려 차원에서라도 홀로 지내거나 가족 혹은 신뢰할만한 지인과 깊이 있는 만남의 시간이 요구됩니다.

이러한 '사회적 거리두기'는 내면 깊은 침묵 속에서 하나님과의 '영적 거리를 좁히는'(Spiritual Intimacy) 기회입니다. 하나님과의 친밀한 교제를 나누는 진정한 고독의 기쁨을 누릴 수 있는 소중한 기회입니다. 진정한 쉼과 침묵은 주님께서 명하신 안식과 안식년, 그리고 희년을 지킴으로 가능해집니다. 그래서 월터 브루그만(Walter Brueggemann)은 "안식일을 지키는 것은 저항이요 대안적 행위이자 평화로운 행위"라고 했습니다.[1] 경제개발과 성장이라는 미명 하에 대자연까지도 마구 집어삼키며 물신만능주의의 늪에서 헤어 나오지 못하는 전 인류를 향한 하나님의 창조질서를 되새겨야 할 때입니다.

예수님이 공생애 첫 번째로 선포하신 "주의 은혜의 해"(눅 4:18-19)는 구약의 안식년과 희년을 의미합니다. 인간의 탐욕과 죄악으로 타인을 억압하고 노예화하는 모든 불의와 죄악을 끊어버리고 다시금 하나님의 형상대로 지음을 받은 인간의 존엄성이 회복되며 살리는 '기쁜 소식'(喜消息, 喜音)입니다.[2] 그것은 '면제년'이라고도 불리는 '안식년'을 통해 땅의 안식과 함께 모든 종과 노예를 해방시켜주고 이들의 부채를 완전히 탕감해주는 '은혜의 해'였습니다. 그리고 안식년이 일곱 번 지나 50년째가 되는 해는 전국 거주민에게 자유를 공포하여 토지를 반환함으로 각자가 천부인권으로 받은 땅의 권리를 되찾는 '희년'이었습니다. 하나님께서 창조하신 사람과 자연이 함께 쉼과 안식을 누려야 하는 안식년과 희년을 지키지 않은 죄로 인해 이스라엘 백성은 70년간 바벨론 포로로 심판을 받아야만 했음을 주목해야 합니다.

최근 코로나19로 인해 반 년도 채 지나지 않아 신음하고 있던 자연이 되살아난다는 뉴스를 접하게 됩니다. 경제적 이익과 개발로 고도성장을 추구해온 인간의 '탐욕스러운' 활동이 멈추자 공기와 강, 바다와 주위 환경이 깨끗해지고 동식물이 살아나고 있습니다. 인간의 멈춤이 곧 신음하던 자연의 회복과 치유임을 확인하게 되었습니다. 하나님께서 명령을 하신 대로 7년마다 안식년을 지켜 땅을 쉬게 하고 노예해방과 부채탕감을 실천해 왔다면 하나님의 창조세계는 얼마나 더 아름답고 온전히 회복되었을까요. 이제 한국교회는 주님께서 선포하신 "주의 은혜의 해"가 더 이상 이상적 구호가 아닌 코로나 이후 한국교회가 실천하고 살아가야 하는 대변혁의 토대가 되어야 함을 봅니다.

예수님은 다른 사람이나 다른 것들을 양식으로 삼지 않으셨습니다. 예수님은 홀로 계시며 하나님 아버지께 기도함으로 매일의 삶의 목적과 방향을 구하셨습니다. 주님은 하나님 앞에 홀로 계심으로 묵묵히 주님의 길을 걸어가셨습니다. 사람들의 칭송과 환호가 오히려 십자가의 길에 방해가 됨을 아셨습니다. 예수님께서는 자신을 따르며 환호하는 수많은 무리들과 작별하신 후에 기도하러 산으로 가셨습니다. 습관대로 한적한 곳에 가셔서 기도하셨습니다. 예수님은 홀로 계셨지만, 하나님 아버지와의 진정한 사귐 가운데 계셨습니다. 예수님의 고독은 삼위일체 하나님의 내적인 코이노니아와 사랑이 충만한 시간이었습니다. 희년의 복음을 선포하시고, 그 말씀대로 고난의 삶과 십자가를 짊어지신 원동력이 바로 거기에서 비롯된 것입니다.

누구나 최후의 심판 때, 주님 앞에 홀로 섭니다. 단독자로 하나님 앞에 서게 됩니다. 홀로 하나님과 결산을 하게 됩니다. 그때는 그 누구에게도 핑계를 대거나 누구도 의지할 수 없습니다. 누구도 우리의 죽음을 대신해줄 수 없기 때문입니다. 하나님의 부르심 앞에 홀로 나아가게 됩니다. 예수님처럼 참된 고독의 자리로 '홀로' 있기를 원치 않는다면, 그리스도의 부르심을 물리치는 것이요, 그리스도의 십자가의 길을 거부하는 것입니다. 또한 우리를 부르신 거룩한 분의 진정한 사귐에 들어갈 수도 없습니다. 홀로 있음 없이 진정한 사귐을 바라는 사람은 공허한 말과 감정에 빠질 뿐입니다. 하나님과의 친밀한 고독의 기쁨과 비밀을 경험하지 못한 사람은 수많은 만남 속에서 공허함으로 허덕일 뿐입니다.

우리는 진정한 안식과 쉼을 통해 고독과 침묵 가운데 하나님의 말씀을 기다리며 그분의 뜻을 깨닫게 됩니다. 그리스도인의 고독과 침묵은 듣는 침묵이요, 겸손한 침묵입니다. 그것은 말씀에 매인 침묵입니다. 고요함 중에 우리는 깨닫는 힘, 영혼을 맑게 하는 힘, 본질적인 것에 집중하는 힘을 얻습니다. 우리의 진정한 고독은 주님을 갈망하는 침묵이며, 주님 안에서의 진정한 사귐의 시간입니다. 하나님의 말씀을 솔직하게 대면하는 인생의 위대한 시간입니다. 우리 인생의 참된 본질과 목적을 깨닫는 시간입니다. 진정한 존재감과 자존감을 확인하는 시간입니다. 주님과 함께하는 인생의 고독은 깊이 있는 경건의 기도입니다. 그러한 기도야말로 하나님께서 하나님 되게 하는 최고의 신앙이자 전적인 신뢰입니다. 그러한 신앙인이야말로 "주의 은혜의 해"를 선포하는 주님의 참된 제자의 길을 걷게 됩니다.

구약성서에 나타난 주의 은혜의 해

1. 하나님 나라의 통치원리인 공평과 정의

하나님께서 아브라함을 부르신 이유는 그와 그 자식으로 하여금 하나님의 공평과 정의를 지켜 행하게 하려 함이었습니다.

> "아브라함은 강대한 나라가 되고 천하 만민은 그로 말미암아 복을 받게 될 것이 아니냐 내가 그로 그 자식과 권속에게 명하여 여호와의 도를 지켜 의와 공도를 행하게 하려고 그를 택하였나니 이는 나 여호와가 아브라함에게 대하여 말한 일을 이루려 함이니라"(창 18:18-19).

땅의 모든 족속이 아브라함으로 말미암아 복을 받는 것도(창 12:1-3) 바로 공평과 정의를 행하는 복을 의미합니다. 하나님의 보좌의 기초도 공평과 정의입니다. "구름과 흑암이 그를 둘

렀고 의와 공평이 그의 보좌의 기초로다"(시 97:2).

이사야 5:1-7에 나오는 포도원의 노래에서 하나님께서 이스라엘 백성에게 원하신 핵심도 공평과 정의였습니다. "무릇 만군의 여호와의 포도원은 이스라엘 족속이요 그가 기뻐하시는 나무는 유다 사람이라. 그들에게 정의를 바라셨더니 도리어 포학이요 그들에게 공의를 바라셨더니 도리어 부르짖음이었도다"(사 5:7). 이사야 선지자를 비롯한 예레미야, 아모스, 미가 등 대부분의 선지서는 공통적으로 예배나 집회로 모이지 않아서, 헌금을 제대로 드리지 않아서 책망하는 말씀이 아니었습니다. 그들이 종교적 행위는 열심을 냈지만, 대부분 하나님의 말씀, 곧 통치원리인 공평과 정의를 행하지 않고 불의와 악행으로 이웃과 동족을 억압하고 수탈하는 죄악을 가증스럽게 여기시고 그것을 회개하여 공평과 정의를 행할 것을 선지자들을 통해 강력히 촉구하신 것입니다.

"너희가 내 앞에 보이러 오니 이것을 누가 너희에게 요구하였느냐? 내 마당만 밟을 뿐이니라. 헛된 제물을 다시 가져오지 말라. 분향은 내가 가증히 여기는 바요 월삭과 안식일과 대회로 모이는 것도 그러하니 성회와 아울러 악을 행하는 것을 내가 견디지 못하겠노라. 내 마음이 너희의 월삭과 정한 절기를 싫어하나니 그것이 내게 무거운 짐이라 내가 지기에 곤비하였느니라. 너희가 손을 펼때에 내가 내 눈을 너희에게서 가리고 너희가 많이 기도할지라도 내가 듣지 아니하리니 이는 너희의 손에 피가 가득함이라. 너희는 스스로 씻으며 스스로 깨끗하게 하여 내 목전에서 너희 악한 행실을 버리며 행악을 그치고 선행을 배우며 정의를 구하며 학대 받는 자를 도와주며 고아를 위하여 신원하며 과부를 위하여 변호하라 하셨느니라"(사 1:12-17).

"자랑하는 자는 이것으로 자랑할지니 곧 명철하여 나를 아는 것과 나 여호와는 사랑과 정의와 공의를 땅에 행하는 자인 줄 깨닫는 것이라 나는 이 일을 기뻐하노라 여호와의 말씀이니라"(렘 9:24).

"내가 무엇을 가지고 여호와 앞에 나아가며 높으신 하나님께 경배할까 내가 번제물로 일 년 된 송아지를 가지고 그 앞에 나아갈까. 여호와께서 천천의 숫양이나 만만의 강물 같은 기름을 기뻐하실까 내 허물을 위하여 내 맏아들을, 내 영혼의 죄로 말미암아 내 몸의 열매를 드릴까. 사람아 주께서 선한 것이 무엇임을 네게 보이셨나니 여호와께서 네게 구하시는 것은 오직 정의를 행하며 인자를 사랑하며 겸손하게 네 하나님과 함께 행하는 것이 아니냐"(미 6:6-8).

"내가 너희 절기들을 미워하여 멸시하며 너희 성회들을 기뻐하지 아니하나니 너희가 내게 번제나 소제를 드릴지라도 내가 받지 아니할 것이요 너희의 살진 희생의 화목제도 내가 돌아보지 아니하리라. 네 노랫소리를 내 앞에서 그칠지어다. 네 비파 소리도 내가 듣지 아니하리라. 오직 정의를 물 같이, 공의를 마르지 않는 강 같이 흐르게 할지어다"(암 5:21-24).

솔로몬이 지혜를 구한 것도 다름 아닌 이스라엘 백성을 바르게 재판할 수 있는 공평(미슈파트,מִשְׁפָּט)이었습니다. "누가 주의 이 많은 백성을 재판할 수 있사오리이까 듣는 마음을 종에게 주사 주의 백성을 재판하여 선악을 분별하게 하옵소서"(왕상 3:9). 하나님의 통치원리인 공평을 간구한 솔로몬을 기뻐하신 하나님께서 그 외에도 많은 복으로 함께 하셨습니다. 고난 중에 욥을 찾아와 마지막으로 조언한 엘리후의 최후 결론도 공평과 정의를 행하시는 하나님을 선포했습니다(神正論, Theodicy). "전능자를 우리가 찾을 수 없나니 그는 권능이 지극히 크사 정의나 무한한 공의를 굽히지 아니하심이니라. 그러므로 사람들은 그를 경외하고 그는 스스로 지혜롭다 하는 모든 자를 무시하시느니라"(욥 37:23-24).

2. 주의 은혜의 해인 안식년과 희년

[안식년] "여호와께서 시내 산에서 모세에게 말씀하여 이르시되 이스라엘 자손에게 말하여 이르라. 너희는 내가 너희에게 주는 땅에 들어간 후에 그 땅으로 여호와 앞에 안식하게 하라. 너는 육 년

동안 그 밭에 파종하며 육 년 동안 그 포도원을 가꾸어 그 소출을 거둘 것이나 일곱째 해에는 그 땅이 쉬어 안식하게 할지니 여호와께 대한 안식이라. 너는 그 밭에 파종하거나 포도원을 가꾸지 말며 네가 거둔 후에 자라난 것을 거두지 말고 가꾸지 아니한 포도나무가 맺은 열매를 거두지 말라. 이는 땅의 안식년임이니라. 안식년의 소출은 너희가 먹을 것이니 너와 네 남종과 네 여종과 네 품꾼과 너와 함께 거류하는 자들과 네 가축과 네 땅에 있는 들짐승들이 다 그 소출로 먹을 것을 삼을지니라"(레 25:1-7).

[희년] "너는 일곱 안식년을 계수할지니 이는 칠 년이 일곱 번인즉 안식년 일곱 번 동안 곧 사십구 년이라. 일곱째 달 열흘날은 속죄일이니 너는 뿔나팔 소리를 내되 전국에서 뿔나팔을 크게 불지며 너희는 오십 년째 해를 거룩하게 하여 그 땅에 있는 모든 주민을 위하여 자유를 공포하라. 이 해는 너희에게 희년이니 너희는 각각 자기의 소유지로 돌아가며 각각 자기의 가족에게로 돌아갈지며 그 오십 년째 해는 너희의 희년이니 너희는 파종하지 말며 스스로 난 것을 거두지 말며 가꾸지 아니한 포도를 거두지 말라. 이는 희년이니 너희에게 거룩함이니라. 너희는 밭의 소출을 먹으리라"(레 25:8-12).

희년이 속죄일에 선포된 것은 결코 우연이 아닙니다. 예수님께서 십자가에서 우리의 죄를 구속하시기 위해 피를 흘리신 것도 바로 이미 선포하신 희년을 성취하고 완성하려 함이셨습니다. 안식일과 안식년, 희년의 근본정신은 하나님의 공평(미슈

파트)과 정의(츠다카)와 사랑(헤세드)에 입각한 고아와 과부와 나그네 등 약자를 보호하고자 하시는 하나님의 세심한 배려와 사랑입니다. 안식년에 땅을 쉬게 하신 것도 가난한 이들의 자존심을 상하게 하지 않고 스스로 땀 흘려 자신의 양식을 구할 수 있도록 하신 하나님의 배려입니다. 땅 주인이 나눠주는 양식이 아닌, 아무리 가난해도 7년마다 스스로 양식을 마음껏 구할 수 있는 "주의 은혜의 해"입니다. 이와 함께, 하나님께서는 안식년 이후 3년마다 소출의 십일조를 유산도 없고 차지할 몫도 없는 이들에게 제공하여 배불리 먹게 하셨습니다.

> "매 삼 년 끝에 그 해 소산의 십분의 일을 다 내어 네 성읍에 저축하여 너희 중에 분깃이나 기업이 없는 레위인과 네 성중에 거류하는 객과 및 고아와 과부들이 와서 먹고 배부르게 하라. 그리하면 네 하나님 여호와께서 네 손으로 하는 범사에 네게 복을 주시리라"(신 14:28-29).

이스라엘 공동체에서는 아무리 가난한 형편일지라도 안식년 이후 3년, 6년이 되는 해에는 동족들이 거둔 소출의 십일조로 생계를 유지했고, 7년째인 안식년에는 스스로의 노동을 통해 양식을 구했습니다.

안식년은 빚을 면제해주고 종을 해방시켜주는 해이고(신

15:1-18), 희년에는 원래 조상으로부터 물려받은 토지와 고향으로 돌아가는 해입니다. 즉 부채탕감과 종 혹은 노예해방은 7년마다 이루어진 것이며 토지반환은 50년마다 이루어졌습니다. 하지만 토지반환도 자신이나 근족의 도움으로 기간을 앞당길 수 있었습니다.

[면제년] "매 칠 년 끝에는 면제하라. 면제의 규례는 이러하니라. 그의 이웃에게 꾸어준 모든 채주는 그것을 면제하고 그의 이웃에게나 그 형제에게 독촉하지 말지니 이는 여호와를 위하여 면제를 선포하였음이라. 이방인에게는 네가 독촉하려니와 네 형제에게 꾸어준 것은 네 손에서 면제하라. 네가 만일 네 하나님 여호와의 말씀만 듣고 내가 오늘 네게 내리는 그 명령을 다 지켜 행하면 네 하나님 여호와께서 네게 기업으로 주신 땅에서 네가 반드시 복을 받으리니 너희 중에 가난한 자가 없으리라. 네 하나님 여호와께서 네게 허락하신 대로 네게 복을 주시리니 네가 여러 나라에 꾸어 줄지라도 너는 꾸지 아니하겠고 네가 여러 나라를 통치할지라도 너는 통치를 당하지 아니하리라. 네 하나님 여호와께서 네게 주신 땅 어느 성읍에서든지 가난한 형제가 너와 함께 거주하거든 그 가난한 형제에게 네 마음을 완악하게 하지 말며 네 손을 움켜쥐지 말고 반드시 네 손을 그에게 펴서 그에게 필요한 대로 쓸 것을 넉넉히 꾸어주라. 삼가 너는 마음에 악한 생각을 품지 말라. 곧 이르기를 일곱째 해 면제년이 가까이 왔다 하고 네 궁핍한 형제를 악한 눈으로 바라보며 아무것도 주지 아니하면 그가 너를 여호와께

호소하리니 그것이 네게 죄가 되리라. 너는 반드시 그에게 줄 것이요, 줄 때에는 아끼는 마음을 품지 말 것이니라. 이로 말미암아 네 하나님 여호와께서 네가 하는 모든 일과 네 손이 닿는 모든 일에 네게 복을 주시리라. 땅에는 언제든지 가난한 자가 그치지 아니하겠으므로 내가 네게 명령하여 이르노니 너는 반드시 네 땅 안에 네 형제 중 곤란한 자와 궁핍한 자에게 네 손을 펼지니라"(신 15:1-11).

[종/노예해방] "네 동족 히브리 남자나 히브리 여자가 네게 팔렸다 하자 만일 여섯 해 동안 너를 섬겼거든 일곱째 해에 너는 그를 놓아 자유롭게 할 것이요 그를 놓아 자유하게 할 때에는 빈손으로 가게 하지 말고 네 양 무리 중에서와 타작마당에서와 포도주 틀에서 그에게 후히 줄지니 곧 네 하나님 여호와께서 네게 복을 주신 대로 그에게 줄지니라. 너는 애굽 땅에서 종 되었던 것과 네 하나님 여호와께서 너를 속량하셨음을 기억하라. 그것으로 말미암아 내가 오늘 이같이 네게 명령하노라"(신 15:12-15).

3. 안식년과 희년의 실천 사례

부채탕감과 종을 놓아주는 것은 출애굽의 구속의 역사에 근거합니다. 출애굽 역시 거시적인 의미의 안식년과 희년이 성취된 주의 은혜의 해였습니다. 노예해방과 부채탕감, 그리고 잃어버린 약속의 땅을 회복하는 과정이 바로 출애굽과 가나안 진군의 과정이었습니다. 즉 이스라엘 백성은 끊임없이 출애굽 사건을 기억함으로 하나님의 구속을 기억했습니다. 안식일은 하나님의 창조를 기억하며 영광을 돌리는 날이라면 안식년과 희년은 하나님의 구속을 기억하며 영광을 돌리는 해입니다. 무엇보다도 예수 그리스도의 십자가 구속의 사건은 영적 출애굽이자 본질적으로 안식년과 희년을 성취하신 주님의 은혜의 해입니다.

룻기 4장에 나오는 '고엘'(גאל) 제도가 좋은 예입니다(룻 4:1-12). '고엘'은 '토지 무르기'로 번역할 수 있는데, 그 단어는 영어 'redemption'으로, '구속'으로 번역할 수 있습니다. 즉 예수님이 우리의 구속자(redeemer)가 되셨다는 것은 구약의 원어의 의미로 보면 바로 우리의 토지를 물러주신 분이라는 뜻입니다. 예수님이 우리의 고엘이 되신 것처럼, 우리 역시 이 땅에서 땅 없는 이들의 권리를 회복시켜주는 '경제적' 토지 무르기는 물론, 잃어버린 영원한 하나님 나라를 되찾도록 돕는 '영적' 토지 무르기를 함께 실천해야 합니다.

"그 후에 이 일이 있으니라. 이스르엘 사람 나봇에게 이스르엘에 포도원이 있어 사마리아의 왕 아합의 왕궁에서 가깝더니 아합이 나봇에게 말하여 이르되 네 포도원이 내 왕궁 곁에 가까이 있으니 내게 주어 채소 밭을 삼게 하라. 내가 그 대신에 그보다 더 아름다운 포도원을 네게 줄 것이요 만일 네가 좋게 여기면 그 값을 돈으로 네게 주리라. 나봇이 아합에게 말하되 내 조상의 유산을 왕에게 주기를 여호와께서 금하실지로다 하니 이스르엘 사람 나봇이 아합에게 대답하여 이르기를 내 조상의 유산을 왕께 줄 수 없다 하므로 아합이 근심하고 답답하여 왕궁으로 돌아와 침상에 누워 얼굴을 돌리고 식사를 아니하니"(왕상 21:1-4).

이세벨을 통해 바알 숭배를 끌고 온 악한 왕인 아합도 나봇의 포도원을 함부로 빼앗지 못했습니다. 오늘날 자본주의 경제원리로 보면 정당한 요구이고 오히려 통치자의 요구이기에 적극 수용할 만한 매력적 조건이었습니다. 하지만 한낱 농부에 불과한 나봇이 그 당시 막강한 절대군주 앞에서 토지매매를 당당히 거부했습니다. 그것도 바로 "여호와께서 금하신" 것임을 밝히면서 하나님의 말씀, 즉 희년의 토지법에 근거하여 거부했습니다. 이러한 나봇의 답변에 아합 왕도 어쩔 수 없어 돌아갔습니다. 아합 왕도 서로 다른 지파와 가문끼리는 토지매매를 해도 다시 돌려줄 수밖에 없음을, 하나님께서 제정하신 희년의 토지법을 잘 알고 있었기 때문입니다.

여덟 살의 나이에 남유다의 왕이 되어 이스라엘 역사상 최고의 평가를 받은 요시야의 개혁도 희년의 관점에서 볼 수 있습니다. "요시야와 같이 마음을 다하며 뜻을 다하며 힘을 다하여 모세의 모든 율법을 따라 여호와께로 돌이킨 왕은 요시야 전에도 없었고 후에도 그와 같은 자가 없었더라"(왕하 23:25). 26세에 여호와의 성전에서 율법책을 발견한 요시야는 모든 백성을 모아놓고 모세의 율법을 낭독하고 철저히 지켰습니다(왕하 22-23장). 신명기 31장 9-13절에 보면 모세는 죽기 전에 마지막 지시로 7년마다 율법을 읽어주고 율법의 모든 말씀을 지키도록 했는데, 제7년은 바로 안식년이자 면제년으로 부채탕감과 노예해방을 해야 했습니다. 느헤미야가 율법을 낭독하면서 행한 구체적 회개의 내용에서도 우상을 멀리한 것과 함께 면제년마다 행해야 했던 부채탕감과 노예해방의 율법을 함께 준수했음을 알 수 있습니다(느 9:3).

"또 모세가 이 율법을 써서 여호와의 언약궤를 메는 레위 자손 제사장들과 이스라엘 모든 장로에게 주고 모세가 그들에게 명령하여 이르기를 매 칠 년 끝 해 곧 면제년의 초막절에 온 이스라엘이 네 하나님 여호와 앞 그가 택하신 곳에 모일 때에 이 율법을 낭독하여 온 이스라엘에게 듣게 할지니 곧 백성의 남녀와 어린이와 네 성읍 안에 거류하는 타국인을 모으고 그들에게 듣고 배우고 네 하나님 여호와를 경외하며 이 율법의 모든 말씀을 지켜 행하게 하고 또 너희가 요단을 건너가서 차지할 땅에 거주할 동안에 이 말씀을 알지 못하는 그들의 자녀에게 듣고 네 하나님 여호와 경외하기를 배우게 할지니라"(신 31:9-13).

창세기 47장에 나오는 7년간의 기근 과정에서 하나님께서는 요셉을 통해 애굽 땅에 하나님의 토지법을 세우셨습니다. "요셉이 애굽 토지법을 세우매 그 오분의 일이 바로에게 상납되나 제사장의 토지는 바로의 소유가 되지 아니하여 오늘날까지 이르니라"(창 47:26). 즉 대기근을 통해 모든 토지의 실질적 소유권이 바로 왕에게로 모아져 국유지 개념이 되었고, 제사장의 토지를 제외한 애굽의 모든 백성은 토지사용료로 20%의 지대로 조세를 냈습니다. 나중에 종교개혁자 마르틴 루터가 지대 조세를 거두는 최상의 기준으로 제시한 20%도 요셉을 통해 세워진 애굽의 토지법에 근거한 것이었습니다.[3] 또 오늘날 지공주의 경제학자들이 지대의 20%만 거두어도 어느 정도 경제정의가 실현될 수 있다고 본 것과 일맥상통합니다.

신약성서에 나타난 주의 은혜의 해

1. 예수님의 사명선언

"주의 성령이 내게 임하셨으니 이는 가난한 자에게 복음을 전하게 하시려고 내게 기름을 부으시고 나를 보내사 포로 된 자에게 자유를, 눈 먼 자에게 다시 보게 함을 전파하며 눌린 자를 자유롭게 하고, 주의 은혜의 해를 전파하게 하려 하심이라 하였더라"(눅 4:18-19).

이 본문은 예수님은 이사야 61장의 말씀을 인용함으로 첫 번째 공식적 설교에서 선포하신 말씀입니다. 이 말씀은 예수님이 어떤 사역을 감당하실 것인지에 대한 비전과 사명이 담겨 있는 예수님의 핵심사상입니다. 성령의 기름 부으심을 통해 가난한 자에게 기쁜 소식(희음)을 전하는 주의 은혜의 해를 전파하는 것입니다. 여기서 주의 은혜의 해는 안식년과 희년을 모두 포함합니다. 즉 부채를 탕감해주고 종을 해방시켜주는 면제년 혹은 안식년을 포함하여, 분배받은 토지를 돌려받아 진정한 자유를 맛보는 희년을 모두 일컫는 해입니다.

2. 예수님께서 가르쳐주신 기도(주기도문)

"그러므로 너희는 이렇게 기도하라 하늘에 계신 우리 아버지여 이름이 거룩히 여김을 받으시오며, 나라가 임하시오며 뜻이 하늘에서 이루어진 것 같이 땅에서도 이루어지입니다. 오늘 우리에게 일용할 양식을 주시옵고, 우리가 우리에게 죄 지은 자를 사하여 준 것 같이 우리 죄를 사하여 주시옵고, 우리를 시험에 들게 하지 마시옵고 다만 악에서 구하시옵소서. 나라와 권세와 영광이 아버지께 영원히 있사옵나이다. 아멘"(마 6:9-12).

예수님은 제자들에게 가르쳐주신 기도문에서 죄 사함, 즉 빚 탕감에 대해 말씀하셨습니다. 주기도문은 하나님을 향한 기도와 이웃을 위한 기도로 구분할 수 있습니다. 하나님을 향한 기도의 세 가지 내용 중에서 그 중심에 하나님의 나라를 구할 것을 말씀하셨습니다. 이웃을 향한 세 가지 기도 중에서 그 중심에서 죄 사함이 있습니다. 특히 예수님은 죄 사함에 대한 내용을 바로 이어서 재차 강조하셨습니다. "너희가 사람의 잘못을 용서하면 너희 하늘 아버지께서도 너희 잘못을 용서하시려니와, 너희가 사람의 잘못을 용서하지 아니하면 너희 아버지께서도 너희 잘못을 용서하지 아니하시리라"(마 6:14-15).

마태복음 5-7장에 걸친 산상수훈의 핵심은 "하나님의 나라와 공의를 구하는"(마 6:33) 것인데, 그 중에서 하나님의 나라와 공의를 실천하는 이웃과의 구체적 내용이 바로 죄 사함과 용서입니다. 그것은 복음서에 나타난 예수님의 다른 비유의 말씀과 연관 지어보면 부채탕감과도 직결되어 있음을 알 수 있습니다. 하나님의 나라와 공의를 구하는 제자도의 중심에 죄 사함 혹은 부채탕감이 있습니다.

3. 죄 사함과 부채탕감의 직접적 관계

"그 때에 베드로가 나아와 이르되 주여 형제가 내게 죄를 범하면 몇 번이나 용서하여 주리이까 일곱 번까지 하오리이까? 예수께서 이르시되 네게 이르노니 일곱 번뿐 아니라 일곱 번을 일흔 번까지라도 할지니라. 그러므로 천국은 그 종들과 결산하려 하던 어떤 임금과 같으니 결산할 때에 만 달란트 빚진 자 하나를 데려오매 갚을 것이 없는지라. 주인이 명하여 그 몸과 아내와 자식들과 모든 소유를 다 팔아 갚게 하라 하니, 그 종이 엎드려 절하며 이르되 내게 참으소서. 다 갚으리이다 하거늘, 그 종의 주인이 불쌍히 여겨 놓아 보내며 그 빚을 탕감하여 주었더니, 그 종이 나가서 자기에게 백 데나리온 빚진 동료 한 사람을 만나 붙들어 목을 잡고 이르되 빚을 갚으라 하매, 그 동료가 엎드려 간구하여 이르되 나에게 참아 주소서 갚으리이다 하되, 허락하지 아니하고 이에 가서 그가 빚을 갚도록 옥에 가두거늘, 그 동료들이 그것을 보고 몹시 딱하게 여겨 주인에게 가서 그 일을 다 알리니, 이에 주인이 그를 불러다가 말하되 악한 종아 네가 빌기에 내가 네 빚을 전부 탕감하여 주었거늘, 내가 너를 불쌍히 여김과 같이 너도 네 동료를 불쌍히 여김이 마땅하지 아니하냐 하고, 주인이 노하여 그 빚을 다 갚도록 그를 옥졸들에게 넘기니라. 너희가 각각 마음으로부터 형제를 용서하지 아니하면 나의 하늘 아버지께서도 너희에게 이와 같이 하시리라"(마 18:21-35).

예수님은 죄를 몇 번까지 용서해야 하는지에 대한 베드로의 질문을 듣고, 바로 빚 탕감의 비유로 말씀하셨습니다. 마태복음

18:32-33에서 빚을 전부 탕감하여준 것은 불쌍히 여기는 마음에서 비롯된 것이며 그것은 각각 마음으로부터 형제를 용서하는 것과 직결됩니다. 즉 죄 용서는 형제를 불쌍히 여기는 마음에서 비롯된 것으로 구체적인 실천으로서 빚을 전부 탕감함으로 입증됩니다. 죄 용서는 단순히 다른 사람의 잘못을 수십 수백 번 용납하고 마음으로 너그럽게 이해해주는 것을 넘어서, 그들이 초래한 경제적 손실까지 감수하며 그들의 채무까지 완전히 탕감해 주어야 함을 의미합니다. 이것은 마치 야고보서에서 지적하는 사랑의 실천이 수반되는, 행함이 있는 믿음이 참 믿음인 것과 같은 이치입니다.

그렇게 본다면 부채탕감은 특정한 소수 그리스도인에게 주어진 몫이 아니라, 주기도문을 '암송하는' 모든 그리스도인이 공동체 차원에서 '실천해야 하는' 신앙의 원리입니다. 부채탕감은 단순한 자비나 자선을 촉구하는 차원을 넘어, 사회적 정의 차원으로 확대된 그리스도인의 실천적 원리였습니다. 마태복음에서는 빚을 탕감하지 않은 자를 옥에 가두었고, 그 죄도 용서받지 못한다고 강조했습니다. 이러한 사상은 공평과 정의에 입각하여 약자를 돌보시는 하나님의 사랑과 공의의 성품에서 비롯되는 희년의 복음입니다. 예수님은 이러한 비유의 말씀을 통해 생계형 채무자와 의지할 데가 없는 약자 보호를 위한 공동체적 형제애와 사랑의 실천을 촉구한 것입니다.

예수님의 비유나 주기도문 속에서 가난한 자와 억눌린 자에 대한 형제애 차원의 부채 경감 혹은 완전한 탕감을 촉구하셨습니다. 반면 신앙공동체 내에서 이를 수행하지 않는 이들에 대한 하나님의 심판과 복수를 경고하셨습니다.

4. 아버지의 사랑을 통한 희년성취

탕자의 비유로 알려진 말씀에 재산을 탕진하고 돌아온 둘째 아들에 대한 아버지의 무한한 사랑이 담겨 있습니다. 오늘날의 경제체제에 익숙한 현대 그리스도인이 이 비유의 말씀을 볼 때마다 자신의 재산을 이미 허랑방탕하게 허비하고 돌아온 둘째 아들을 다시 품어주는 아버지의 사랑이 공평하지 못하다는 첫째 아들의 마음을 충분히 이해할 것입니다. 아무리 아버지의 무한한 사랑이 감동적일지라도 자기의 몫을 이미 다 챙겨간 동생에게 다시 그의 모든 권리를 회복시켜주는 것은 결국 자신이 유산으로 '덤으로' 받을 몫을 떼어주는 것에 불과하기 때문입니다. 누가복음 15:12에 보면, 동생의 요구로 인해 "아버지가 그 살림을 각각 나눠 주었기에" 형도 결국의 자신의 재산을 다 챙겨 놓은 상태였습니다.

잃어버린 양, 동전, 아들에 대해 연속적 비유의 말씀으로 하나님 아버지께서 참으로 즐거워하고 기뻐하는 것이 무엇인지를 예수님은 알려주셨습니다. 아버지의 마음을 가장 명확하게 드러낸 세 번째 비유는 희년의 세 가지 핵심 원리가 모두 담겨 있습니다. 재산을 탕진한 둘째 아들은 타국의 종으로 살면서 굶어 죽을 처지였습니다. 하지만 그는 하늘과 아버지께 지은 죄를 깨닫고 일어나서 아버지께로 돌아감으로 아들로서의 모든 권리가 회복되었습니다. 더 이상 채무에 시달려 종살이를 할 필요도 없고, 토지의 권리까지 다시 누리게 되는 희년의 구체적 성취였습니다.

특히 이 비유의 말씀에서 아버지는 아들이 어떻게 재산을 탕진했는지 캐묻지도 않았습니다. 하나님의 형상대로 지음받은 인간이면 누구나 인간답게 살 수 있는 권리가 보장되어야 함을 보여줍니다. 즉 가정과 삶의 공동체 내에 존재하는 다양한 형태의 수많은 약자를 희년의 부채탕감과 노예해방, 그리고 토지권리의 회복을 통해 보호하시는 하나님 아버지의 세심한 배려와 구체적 실천지침을 알 수 있습니다.

5. '불의한 재물'로 부채를 절감해 준 청지기

이 비유를 주석한 기존의 여러 학자들의 견해는 그리 명쾌하지 못합니다. 심지어 주인은 바보, 청지기는 사기꾼이라는 평가가 나올 정도입니다. 자신의 소유를 낭비한다는 말을 들은 주인은 청지기를 정리해고했습니다. 그런데 청지기가 자신의 소유로 채무자들의 부채를 경감해주는 현장을 목격하고는 그를 칭찬했습니다. 자신의 소유를 낭비하는 증거를 확보한 순간인데, 오히려 그를 칭찬한 이유는 무엇입니까?

1절에 나오는 주인의 '소유'($\acute{v}\pi\acute{\alpha}\rho\chi o\nu\tau\alpha$)는 마태복음 19:21에서 예수님이 "네가 온전하고자 할진대 가서 네 소유를 팔아 가난한 자들에게 주라. 그리하면 하늘에서 보화가 네게 있으리라. 그리고 와서 나를 따르라 하시니"라고 부자청년에게 팔아 가난한 자들에게 주라고 한 그 '소유'와 동일한 단어이며, 누가복음 19:8에서 회개의 합당한 열매로 삭개오가 "내 소유의 절반을 가난한 자들에게 주겠사오며"라고 말할 때 사용된 용어와 동일합니다.

누가복음 16장의 비유에서 1절의 '소유'는 9-11절에 주인을 통해 언급된 '불의한 재물'(unrighteous mammon)과 동일한 대상임을 짐작할 수 있습니다. 복음서의 다른 본문을 통해 나타난 '소유'는 가난한 자들에게 나누어 주는 용어로 사용되기에, 청지기가 낭비한 소유는 다름 아닌 주인의 불의한 재물, 즉 불의한 방식으로 벌어들인 돈이나 토지와 천연자원에서 발생한 불로소득으로 공동체 모두가 누려야 하는 공유재산으로 볼 수 있습니다. 특히 11절에서 "너희가 만일 불의한 재물에도 충성하지 아니하면 누가 참된 것으로 너희에게 맡기겠느냐"는 말씀을 통해 불의한 재물에 충성한다는 것은 문맥상 불로소득을 공동체에 환원하는 것이기 때문입니다.

결국, 이 말씀은 소위 '불의한' 청지기가 주인의 재산을 낭비한다는 소문으로 정리해고를 당했지만, 불의한 재물인 불로소득으로 주인의 채무자들을 불러 그들의 부채를 경감해줌으로 주인에게 칭찬을 받게 된 예수님의 비유입니다. 여기에서 주목할 점은 마태복음 18장에 언급된 마태공동체는 채무를 완전히 탕감해주는 100%의 부채탕감이 본으로 제시되었지만, 누가복음 16:1-16에 언급된 누가공동체는 채무자의 부채 50%와 20%를 절감해주는 부분탕감, 즉 부채절감의 사례가 제시되었습니다. 삭개오가 회개의 표시로 재산의 절반을 가난한 자들에게 내놓은 것을 통해서도 그들의 부채탕감을 위해 적극적으로 노력했음을 짐작할 수 있습니다.

6. 공동체에 반환해야 할 부자청년의 재물

마가복음 10:17-28에서 22절의 재물은 헬라어로 '크테마'(κτῆμα)로서 일반적인 부와 재산을 의미하는 '크레마'(χρῆμα)와는 달리, 포도원이나 농장과 같은 대토지를 사유함으로 발생하는 불로소득의 의미가 담겨 있습니다. 동일한 단어가 사도행전 2:45에서 "또 재산과 소유를 팔아 각 사람의 필요를 따라 나눠 주며"에 사용되었으며, 사도행전 5:1에서도 "아나니아라 하는 사람이 그의 아내 삽비라와 더불어 소유를 팔아"에 사용되었는데, 문맥상 땅 값을 의미합니다. 즉 50년마다 희년을 맞이하면 토지의 원주인에게 반환해야 하는 초과분의 토지에 대해 돌려주지 않고 계속 그곳에서 발생하는 막대한 불로소득을 독식하는 자들에게 예수님은 물론, 베드로를 중심으로 한 초대교회 공동체도 이러한 대토지를 사유함으로 발생하는 불로소득에 대해 마땅한 반환, 즉 회개에 합당한 열매를 촉구한 것입니다.

도덕적으로 말하면, 비록 물질적으로나 현재 합법적으로 누군가 그렇게 할 수 있을지라도, 어느 누구도 단지 "거기에" 있는 물건들(광활하고 거대한 토지, 혹은 다른 그러한 부를 생산하는 자원들처럼)을 소유할 수 없습니다. 실제로 유산으로 물려받은 소유지처럼 대다수의 경우, 토지권리는 여러 세대로 거슬러 올라가보면, '최초의' 권리는 대부분 약탈이나 강압에 기초한 것입니다. 대부분의 불공평과 불평등은 분명히 인간의 탐욕과 죄악으로 초래된 것입니다. 특히 토지와 같은 공유물에 대한 사적 독점은 강도죄입니다. 그러므로 대토지를 사유함으로 발생하는 막대한 지대를 착복하는 것은 끊임없이 계속되는 도둑질입니다. 막대한 부는, 특히 토지로 인해 발생하는 지대와 지대차액 등의 불로소득은 공동체로 말미암아 발생한 것이기에 반드시 궁핍한 자들과 함께 공유해야 할 것을 예수님은 요구한 것입니다. 그것이 참된 제자도의 출발점이었습니다.

영생에 대한 갈급함을 품고 있던 부자 청년이 예수님이 직접 제자로 부르셨음에도 막대한 불로소득을 누릴 수 있는 '재물'에 대한 탐욕으로 그 부름을 거절하고 근심하고 떠나갔습니다. 그 결과 예수님은 그러한 자는 하나님 나라에 들어갈 수 없다고 말씀하셨습니다. 이러한 희년의 실천 여부는 하나님 나라에 들어가는 것, 즉 구원과 직결되는 중차대한 문제입니다. 행함이 있는 믿음만이 진정으로 살아있는 믿음이기 때문입니다.

7. 삭개오의 자발적 나눔과 불의한 재물 반환

누가복음 19:1-10에서 악착같이 인생의 성공을 위해 달려온 삭개오는 채워도 채워지지 않는 자신의 공허한 마음을 예수 그리스도를 만남으로 해결하게 되었습니다. '숏다리' 콤플렉스로 늘 무언가를 딛고 일어서야만 했던 그 인생을 향해 예수님은 "속히 내려오라"고 말씀하셨습니다. "네 있는 모습 그대로 내 앞에 서라"고, "나는 너의 있는 모습 그대로를 기뻐한다"고 예수님은 말씀하셨습니다. 늘 로마의 권력을 등에 업고, 세리장으로서 동족을 착취해왔던 인생에서 이제 집안을 개방하고 그들과 잔치를 베풂으로 인생의 참된 기쁨이 무엇인지를 깨닫게 되었습니다. 더 이상 돈이나 권력이 참된 기쁨이 아님을 알았기에, 소유의 절반을 가난한 자들에게 주고, 속여 빼앗은 일에 대해서는 율법이 요구하는 것 이상의 반환과 보상을 약속했습니다.

이처럼 예수님을 만나 변화된 사람은 자신의 재물에 대한 예전과는 전혀 다른 가치관을 가지게 됩니다. 더 이상 움켜쥐고 쌓아놓는 것이 아닌, 이웃을 위해 특히 궁핍한 자들을 위해 나누고 베푸는 삶, 게다가 불의에 대해서는 마땅히 반환하는 삶을 살게 됨을 보여줍니다. 키 작은 삭개오는 가난한 자들을 위해 소유를 나누고 불의한 재물을 반환함으로 자발적 희년을 실천한 것입니다.

초대교회 공동체에 나타난 주의 은혜의 해

1. 초대교회의 자발적 희년 실천

사도행전 4장에는 성령강림으로 탄생된 초대교회의 자발적 희년 실천이 나옵니다. 초대교회 공동체는 불의한 경제체제 속에서도 땅이나 집을 팔아 공동소유로 각 사람의 필요에 따라 나누어줌으로 가난한 사람이 한 사람도 없었습니다(행 4:34-35). 구약의 토지분배에 의하면 토지를 분배받지 못한 레위 지파에 속한 바나바가 밭을 팔았다는 것은 신앙의 열심에 의한 자선이나 구제 차원이 아닌, 희년의 토지법에 근거하여 토지를 소유할 수 없었던 지파의 사람으로서 불의하게 소유하고 있던 토지를 사도들 발 앞에 둠으로 회개에 합당한 열매로 '마땅히' 반환한 것입니다.

바로 이어서 사도행전 5:1-11에 등장하는 아나니아와 삽비라 부부는 토지 불로소득에 대한 자발적 희년을 실천하고 있는 공동체에서 탐욕에 빠져 재물의 노예가 되어 성령 하나님을 속여 심판받은 사건이 기록되어 있습니다. 여호수아와 함께 가나안 땅을 향한 전쟁 가운데, 아간이 취하지 말아야 할 재물을 탐하여 이스라엘 공동체 전체가 전쟁에서 패한 것처럼, 공동체가 함께 누려야 할 것, 혹은 자신이 취하지 말아야 할 재물에 탐욕을 부리는 죄악이 얼마나 심각한 죄악인지를 보여주었습니다.

2. 바울의 희년실천

사도 바울은 고린도후서 8-9장에서 성도들의 구제와 헌금을 통해 서로의 궁핍을 채워줌으로 균등(ἰσότης) 혹은 평형(equality)이 이루어지길 원했습니다. 여기서 균등은 단순히 결과적 평등만을 의미하진 않습니다. 그의 이상은 출애굽을 한 이스라엘 백성들이 광야에서 하나님께서 내려주시는 만나(출 16:18)처럼, 예수님의 오병이어 사건처럼, 공동체 모두가 남지도 모자라지도 않길 원했습니다(고후 8:15).

> "이는 다른 사람들은 평안하게 하고 너희는 곤고하게 하려는 것이 아니요 균등하게 하려 함이니 이제 너희의 넉넉한 것으로 그들의 부족한 것을 보충함은 후에 그들의 넉넉한 것으로 너희의 부족한 것을 보충하여 균등하게 하려 함이라"(고후 8:13-14).

빌레몬서 1:8-22을 보면 오네시모의 인생을 통해 바울의 희년사상이 가장 명확하고도 압축적으로 표현되어 있습니다. 로마법에 따르면, '종' 혹은 '노예'는 인권이 아닌 물권에 해당됐기에 주인 마음에 따라 언제든지 '처분' 가능한 물건이었습니다. 도망친 종은 사형에 처해졌으며 방조자도 심한 벌을 받았습니다. '유익한 자' 혹은 '쓸모 있는 자'라는 이름을 가진 오네시모는 그 이름의 뜻과는 대조적으로 주인인 빌레몬에게 해를 끼치고 도망을 친 '무익한' 종이었습니다(몬 1:11). 골로새에서 도망친 오네시모는 떠돌이 인생을 살다가 로마 감옥에서 바울을 만나 하나님 나라와 예수 그리스도의 복음을 접했고, 그곳에서 거듭난 새로운 인생이 시작되었습니다. 오네시모를 위한 바울의 섬김을 세 가지로 살펴볼 수 있는데 그것은 바울이 희년을 그대로 실천한 대표적 사례입니다.

첫째, 회심케 하고 영적 지도자로 세워주며 섬겼습니다. 그리스도 안에서 변화된 오네시모는 사도 바울의 영적 아들이요(10절) 사랑받는 형제가 되었습니다(16절). 노년의 바울은 곁에 있는 동역자의 손을 빌리지 않고 친필로(19절) 서신을 보낼 만큼 각별한 사랑의 권고로 간청을 했고, 오네시모를 '유익한' 동역자로 영접할 것을 요청했습니다(17절).

둘째, 정신적 억압과 육체적 사슬을 끊어주었습니다. 오네시모가 빌레몬에게서 도망쳐 나올 때에는 그가 다시 그 집으로 돌아갈 것을 상상이나 할 수 있었을까요. 도망친 노예에게 응당한 처벌로 몰매나 사형 말고 다른 무슨 기대가 있었겠나요. 그럼에도 불구하고 바울은 오네시모를 주인에게 되돌려 보내면서 "이후로는 종과 같이 대하지 아니하고 종 이상으로 곧 사랑받는 형제로 둘 자"(16절)라고 했습니다. 이 얼마나 파격적인 제안인가요. 빌레몬과 오네시모 모두에게 상당한 부담일 수밖에 없었고, 그 당시의 로마법마저도 초월하는 행위였습니다. 그러나 바울은 그것을 결코 강요하거나 명령하지 않았습니다. "명령할 수도 있으나"(8절) 바울은 빌레몬을 향한 신뢰를 확인시키면서 "내가 말한 것보다 더 행할 줄을 안다"(21절)며 사랑으로써 권면했을 뿐입니다.

셋째, 바울은 오네시모의 경제적 문제까지 책임졌습니다. "그가 만일 네게 불의를 하였거나 네게 빚진 것이 있으면 그것을 내 앞으로 계산하라"(18절)는 말씀은 바울 자신이 오네시모를 위해 빚을 갚아 주겠다는 말입니다. 감옥에 매인 바울이 실제적으로 빚을 갚는다는 것은 현실적으로 어려운 일입니다. 그럼에도 불구하고 이러한 요구를 하는 것은 그리스도의 제자로서, 희년에 정신에 입각하여 그의 부채를 탕감해 주라는 요청입니다.

이처럼 영적, 신체적, 경제적 세 가지 측면에서 오네시모를 회복시켜주고 섬긴 바울의 모습은 그리스도께서 우리에게 행하신 대속(고엘)의 십자가 사건을 상기시킵니다. 이것은 곧 '희년의 복음'입니다. 빌레몬서를 통해 바울은 희년의 핵심을 구체적으로 실천했습니다. 즉 빌레몬은 바울의 권고에 순종함으로써 노예해방과 부채탕감을 실천했습니다. 오네시모는 도망쳐 나왔던 자신의 잃어버린 삶의 근거지, 가족과 고향으로 돌아와 자신의 지분까지 회복했습니다.

결국 오네시모는 부채탕감과 노예해방, 그리고 토지반환이라는 희년의 복음을 몸소 체험했습니다. 노예였던 오네시모는 주후 95년 도미티아누스 황제의 박해로 순교할 때까지 초대교회의 유력한 영적 거점인 에베소교회의 감독으로 헌신하며(이그나티우스의 서신) 그리스도의 '유익한 종'으로 쓰임을 받는 인생으로 살았습니다.

나가는 말

어려운 상황에 빠진 모든 이들이 '이웃'입니다. 모름지기 인간은 누구나 길에서 죽어 가는 존재입니다. 영적으로 보면 허물과 죄로 죽은 자들입니다(엡 2:4-5). 그러나 그리스도께서는 친히 이 위험천만한 세상에 오셨으며 고통스러운 인간의 길을 따르셨습니다. 너나없이 원수 노릇을 했음에도 주님은 그 인간들이 고통당하는 걸 보고 마음 아파하셨습니다. 그리고 스스로 세상에 오셔서 십자가의 고통 가운데 우리를 향한 사랑의 구원을 베푸셨습니다. 사마리아인처럼 그저 위험을 감수하는데 그치지 않고 이틀 치 일당에 해당하는 두 데나리온 차원보다 훨씬 더 고귀한 자신의 생명으로 값을 지불 하셨습니다. 인간의 힘으로는 아무도 갚을 수 없는 엄청난 빚을 십자가에서 단번에 청산하셨습니다. 예수님은 선한 사마리아인에 투사된 위대한 사마리아인이셨습니다(눅 10:25-37).

이웃 사랑을 베풀기 전에 우리는 먼저 하나님의 사랑을 받아야 합니다. 인생 내내 원망하고 적대시했던 그분을 통해 은혜로 구원받았다는 사실을 뼛속 깊이 깨달아야, 세상에 나가 상대를 가리지 않고 곤경에 처한 이들을 돕게 됩니다. 예수님이 폭포수와 같이 부어주시는 한없이 높고 깊은 이웃 사랑을 실감하면 성경이 가르치는 대로 우리도 누군가의 이웃이 되는 거룩한 삶을 시작할 수 있습니다. 영적으로 정신적으로 물질적으로 강도를 만난 우리를 위해 친히 피 흘려 돌아가신 예수님은 오늘도 여러분을 향해 강도를 만난 수많은 이들의 이웃이 되길 도전하십니다.

주님께서 성령으로 기름 부음을 받으신 것은 가난한 자들에게 복음을 전하기 위함이었습니다. 주님께서 이 땅에 오신 이유는 포로 된 사람들에게 해방을 선포하기 위함이었습니다. 주님께서 이 땅에 오신 이유는 눈먼 사람들에게 눈 뜸을 선포하기 위함이었습니다. 주님께서 이 땅에 오신 이유는 억눌린 사람들을 풀어 주기 위함이었습니다. 주님께서 이 땅에 오신 이유는 주님의 은혜의 해, 곧 희년을 선포하기 위함이었습니다.

우리는 예수님을 본받아 이 사명을 감당하기 위해 성령으로 기름부음을 받는 그리스도인입니다. 단지 교회 다니는 사람, 단지 예수 믿는 사람이 아닙니다. 예수 그리스도의 이름으로 인간을 인간 이하로 대하는 모든 억압과 결박의 사슬을 끊어버려야 합니다. 예수 그리스도의 이름으로 빚에 허덕이며 약탈적 금융제도 속에서 신음하고 있는 수많은 이들에게 부채탕감의 복음을 선포해야 합니다. 우리 먼저 영적인 차원의 용서만이 아닌 채무자의 빚을 변제해주고 탕감해주어야 합니다.

예수 그리스도의 이름으로 사회 양극화의 주범인 토지불로소득에 대한 환원을 제도화하는 데 적극 앞장서야 합니다. 토지투기를 통한 불로소득의 살인적 죄악을 더 이상 교회와 그리스도인들이 범하지 않도록 회개하며 가르쳐야 합니다. 이러한 희년의 복음이 개인 차원만이 아닌 사회 구조와 제도적 차원까지 적극적인 개혁과 변혁을 위해 사명을 감당할 때, 예수님이 선포하신 하나님의 나라의 비밀을 모두가 맛볼 수 있게 될 것입니다.

하나님 나라의 거룩한 백성이자, 이 땅의 나그네인 우리의 자만과 교만, 강퍅함과 무관심의 죄악을 자복해야 합니다. 우리가 누리는 사치와 안락을 내려놓고 집 없는 이들에게 우리의 집을 열어주고, 멸시받고 거부당하는 사람들의 아픔을 함께해야 합니다. 인간으로서 누려야 할 기본 권리조차 누리지 못하는 이들에게 일자리를 제공해주고 우리의 재물과 기업을 함께 나누며 섬겨야 합니다. 고리대금과 악성 부채에 허덕이는 이들에게 부채탕감의 은혜를 체험케 해야 합니다.

주님의 참된 제자는 국가와 그 체제의 삶을 특징짓는 탐욕과 폭력, 그리고 구조적 악까지 거부합니다. 실천하는 신앙인은 영혼 구원뿐만 아니라 사회전반에 걸친 구조적 불의에 대해서 하나님의 공평과 정의를 통한 변혁을 지향하기 때문입니다. 그래서 주류 문화의 지배적 가치와 체제 순응적 삶의 방식과의 단호한 결별을 촉구합니다. 우리가 가지고 있는 시간과 재물을 내어놓고 주님을 따르는 자에게, 주님께서 이 세상에서 누릴 수 없는 은혜와 평강으로 친히 갚아주실 것입니다. 겸손의 왕으로 오셔서 '희년의 복음'을 선포하신 예수 그리스도를 본받아 "포로된 자에게 자유를, 눈먼 자에게 다시 보게 함을 전파하며 눌린 자를 자유롭게 함으로 주의 은혜의 해를 전파하는" 주님의 참된 제자로서 살아가며 희년 공동체를 세워가는, 새벽이슬 같은 주의 청년들이 즐거이 주님께 헌신되어 나아오길 간절히 소망합니다.

참고문헌

김유준. "마르틴 루터의 경제사상." 「한국교회사학회지」 49(2018), 81-116.

Brueggemann, Walter. 박규태 옮김. 『안식일은 저항이다』 서울: 복 있는 사람, 2015.

Luther, Martin. (Großer) Sermon von dem Wucher. WA 6:57-60.

_____. D. Martin Luthers Werke. Weimar: Hermann Bölaus Nachfolger, 1883f.

미주

[1] Walter Brueggemann, 박규태 옮김, 『안식일은 저항이다』 서울: 복 있는 사람, 2015

[2] '복음'(福音)으로 번역한 원어 '유앙겔리온'(εύαγγέλιον)을 직역하면 '기쁜 소식'입니다. 유앙겔리온의 의미를 그대로 살려 '복음'이 아닌 '희소식'(喜消息) 혹은 '희음'(喜音)으로 번역했다면 오늘날 한국교회 가운데 깊숙이 만연되어 있는 '복' 받기 위한 기복주의 신앙이나 번영신학이 들어설 여지가 적었을 것입니다. 복음의 본래 의미인 '희소식'은 바로 예수님께서 선포하신 '주의 은혜의 해', 곧 '희년'을 의미합니다. 그래서 희년사상은 구약성경에만 잠깐 언급되었을 뿐 신약성경에서는 폐지된 율법이 아닌, 성경 전체를 관통하는 하나님 나라의 중심사상이며 그 하나님 나라를 선포하신 예수님의 핵심사상입니다.

[3] 김유준, "마르틴 루터의 경제사상," 「한국교회사학회지」 49(2018), 102; Martin Luther, (Großer) Sermon von dem Wucher, WA 6:57-60.

코로나 이후의 대학교육

이종철 교수(광운대학교 전자융합공학과 교수)

너는 마음을 다하여 여호와를 신뢰하고 네 명철을 의지하지 말라
너는 범사에 그를 인정하라 그리하면 네 길을 지도하시리라
(잠언 3장5절-6절)

아무 것도 염려하지 말고 모든 일에 기도와 간구로 너희 구할 것
을 감사함으로 하나님께 아뢰라 그리하면 모든 지각에 뛰어난 하
나님의 평강이 그리스도 예수 안에서 너희 마음과 생각을 지키시
리라
(빌립보서 4장 6절-7절)

들어가며

2020년도 2월 중하순부터 시작된 코로나 사태로 인해 2020학년도 1학기는 교수와 재학생 모두 준비 없이 맞이한 온라인 수업으로 대학 캠퍼스 삶을 송두리째 지워버렸습니다. 이 시간에는 대학 교육 현장에서 교수로서의 제 경험을 중심으로 지난 봄학기를 돌아보고, 나름대로 앞으로의 대학교육에 대하여 고민해 보았으면 합니다. 개인적인 주관과 경험 중심의 내용일 수 있어서 제 이야기를 일반화하기에 무리가 있을 수도 있음을 미리 고려하시고 들어 주시기 바랍니다.

제 강연의 시작으로 4차 산업혁명에 관련된 이야기를 먼저 하고 싶습니다.

4차 산업혁명과 COVID19

4차 산업혁명은 2016년 스위스에서 개최된 다보스 포럼에서 처음 언급된 이래 급속도로 그 개념과 기술이 확장되고 있고, 어느새 인류가 그 중심 가운데 진입하고 있음을 발견합니다. 다보스 포럼에서 정의한 4차 산업혁명의 핵심 정의는 "디지털, 물리적, 생물학적 경계를 허무는 기술의 융합"입니다. 인류가 그

동안 발전을 거듭해 이루어 놓은 핵심 기술들이 디지털적인 도구들을 통해 서로 융합되어 새로운 적용 분야 및 새로운 정의로 가능해진 새로운 기술들이 등장하게 되는 것이라고 이해가 됩니다. 4차 산업혁명은 초연결 (Hyper-Connectivity) / 초지능 (Hyper-Intelligence)의 키워드로 대표되는 인공지능(AI), 빅데이터, 사물인터넷(IoT), 클라우딩 컴퓨팅, 5G&6G, 자율주행 자동차 등 아직 인류가 경험해보지 못했던 새로운 경험과 기술 및 서비스를 가까운 미래에 기대하고 있습니다.

이러한 시대적 변화에 발맞추어 미국의 스탠포드대학교, 프랑스 파리 에꼴42, 미국의 올린 공대, 그리고 미네르바 대학 등이 대학 교육의 새로운 패러다임을 제시하며 변화와 혁신을 주도하고 있습니다. 예를 들어, 스탠포드대학교의 기계공학과 커리큘럼 중 4학년 실습수업은 한 학기 동안 팀별로 종이 자전거를 만드는 실습수업인데, 교수는 팀 프로젝트에 거의 관여하지 않고, 학생들이 자율적으로 종이로만 자전거를 설계하고 만들어 학기 말에 그 팀이 직접 만든 자전거들을 타고 서로 경주를 하는 것으로 수업을 진행하고 있습니다. 지도 교수인 래리 라이퍼 (Larry Leifer) 교수님은 "앞으로의 교수의 역할은 전문가가 아닌 코치이다" (Now, the professor is not an expert, but a coach)라고 말씀하시는데, 저도 전적으로 이 말씀에 동의합니다. 왜냐하면 여러분도 경험하고 계시지만, 요즈음 IT 기술의 발전이 너무 빨라 아무리 교수이지만 자기 분야의 모든 기술을 그때그때 팔로업(follow-up)할 수도 없을 뿐만 아니라 모든 기술을 전문가로서 가르칠 수도 없기 때문입니다. 이러한 기술들을 따라가고 개발할 수 있는 한 가지 유일한 방법은, 젊고 유능한 학생들이 그때그때 신기술들을 능동적으로 유연하게 받아들이고 발전시키는 것이라는 취지입니다.

또 하나의 대학혁신의 예는 2014년도에 미국의 벤처 투자가인 벤 넬슨 (Ben Nelson)에 의해 설립된 미네르바 대학을 들 수 있을 텐데요. 이 대학은 캠퍼스와 전임 교수가 없는 대학이지만, 세계에서 지원하는 학생 수가 많아 미국 하버드 대학보다도 입학 경쟁률이 높은 대학입니다. 이 대학은 캠퍼스 없이 세계 도시 (미국의 샌프란시스코(1학년), 한국의 서울과 인도의 하이데라바드(2학년), 독일 베를린과 아르헨티나의 부에노스아이레스(3학년), 영국의 런던과 대만의 타이베이(4학년))를 6개월씩 돌아가며 100% 온라인으로 수업을 진행하고, 현지 관련 기업 및 문화 경험 속에서 현지에서 문제를 해결하는 능력을 배양하는 방식으로 교육이 이루어지고 있습니다. 교수는 온라인 지도를 통해 학생들의 개별적인 학습 능력을 파악하고, 지도하며, 다양한 전공도 자유롭게 선택하여 본인이 선택한 전공으로 학위도 받을 수 있도록 구성되어 있습니다.

에꼴(Ecole) 42 대학은 강사도 교과서도 학비도 없는 IT 대학으로 알려져 있고, 입학시험은 일주일간 합숙하며 프로그램 프로젝트로 선발한다고 합니다. 약 1,000명 정도의 신입생 선발에 7만 명 정도가 응시한다고 합니다. 협업과 끈기, 문제해결 능력 등을 주요 가치로 교육하는 기관입니다

대부호 프랭클린 올린의 3억 달러 이상의 기부로 시작된 올린 공대는 비전과 미션을 향해 전진하는 교육기관입니다. 미션은 문제해결 능력을 갖춘 혁신가를 육성하는 것, 그리고 비전은 새로운 교육 방식을 전 세계에 전파하는 것입니다. 경험 중심의 학습, 배움 중심의 학습(학점이 아닌), 학생 중심의 커리큘럼, 변화 관리를 통한 체계적이고 적극적인 변화를 추구하는 교육 시스템을 지향하고 있습니다.

하지만 우리나라를 비롯한 세계의 대부분의 대학은 변화와 혁신의 필요성은 인정하면서도 새로운 시스템, 구조개혁에 대한 시도에 주저하고 있던 차였습니다. 왜냐하면 대학이야말로

아이러니하게도 (믿거나 말거나) 세계에서 가장 보수적이며, 변화를 싫어하는 곳이기 때문입니다. 역사가 오래된 대학일수록 그동안 해왔던 시스템, 전통, 가치, 방식 등을 바꾸기가 그만큼 더 어렵다고도 할 수 있고, 어쩌면 하던 대로 계속 행동하는 편이 모두에게 편하다고 생각하고 있는지도 모르겠습니다. 그럴 즈음 2020년 2월 COVID19 사태를 맞이하게 되었습니다. 그동안 변화를 꺼렸던 대부분의 대학은 어쩔 수 없이 새로운 방식의 교육 및 시스템에 떠밀려 적응할 수밖에 없게 되었고, 이러한 추세가 당분간 지속하리라는 예측이 가능해지자 비로소 미래 시스템에 대한 고민을 진지하게 하게 되었다고 보입니다.

2020년 1학기 교수로서의 경험

Blended Lecture 진행 경험

저는 대학원 강좌 1개와 3학년 전공 실험 과목과 학부 전공 이론 과목을 담당하였습니다. 이 중 대학원 강의와 전공 실험 수업은 학교의 방침에 따라 초반에는 온라인 수업으로, 그리고 중간에 대면 수업을 병행하며 진행하였고, 오늘 주로 소개해 드릴 내용은 전자융합공학과 2학년 반도체소자1 전공 Class입니다. 코로나19 사태로 뒤늦게 시작한 봄학기에서 처음 4주는 온라인 class로 이루어졌고, 그 이후는 Blended Lecture (on-line + ZOOM real time class)로 진행하게 되었습니다.

 저의 경우는 2015년 이미 Blended Lecture를 위해 온라인 수업용 콘텐츠(17개/학기당)를 제작했기 때문에 이번 코로나 사태로 새롭게 온라인 영상 촬영을 해야 하는 수고를 덜 수 있었습니다. 이 블렌디드 방식의 수업은 미리 동영상으로 그 주간에 배워야 할 내용을 미리 학생들이 편한 시간에 자유롭게 온라인 교재를 통해 예습하고(이해될 때까지 반복 학습 가능), 오프라인 강의실 수업에서는 배운 내용을 갖고 발표도 하고, 토론도 하게 하고, 질문과 응답 시간도 갖게 하는 방식입니다. 제가 2015년 이 방식으로 전환했던 이유는 모든 교수님들이 그런 소망이 있지만 제가 가르치는 전공 과목을 학생들이 더 잘 이해하고 좀 더 많은 전공 지식을 얻을 수 있었으면 하는 바람 때문이었습니다. 매 학기 말 강의 평가에서 공통적으로 "너무 어려워 이해하기 힘들었다" 라는 내용이 있었습니다. 이러한 블렌디드 수업 방식이 기존의 강의식 수업 방식(학습 후 복습)을 뒤집은(예습 후 학습) 수업 방식(Flipped Lecture)으로 학습효과를 높일 수 있다는 교육학습센터와 주위 동료 교수님의 적극적인 권유로 19년간 지속해왔던 강의식 수업을 멈추고, 새로운 시도를 하게 되었던 것입니다.

처음 시도하는 교수법으로 저 자신도, 학생들도 처음에는 많은 시행착오를 겪었으며, 기대한 만큼 학습 효과도 획기적으로 개선되지는 않았습니다. 그런데도 학기마다 부족한 점을 보완하고자 노력하였고, 2019년 2학기에는 오프라인 수업을 팀별 토론 수업(TBL: Team Based Learning)으로 진행하였습니다. 다행히 한 클래스가 20명 내외라 팀당 4명 정도의 4-5개 조로 팀을 구성할 수 있었고, 매시간 조원들이 각각 주어진 Topic에 대해 미리 공부해온 내용을 조원들에게 설명해야 하는 방식이었습니다. 조원들은 매주 특정 주제를 조원들에게 설명해야 하므로 미리 많은 준비를 할 수밖에 없는 분위기였습니다. 교수의 역할은 토론을 지켜보며 필요 시 조별로 보충 설명과 질문에 대한 답변 그리고 마무리 요약 등을 하는 것이었습니다.

아마 제 교수 생활 23년 동안 가장 만족스러웠던 학기였고, 학생들도 전공 공부를 어떻게 해야 하는지 깨달았다는 이야기를 많이 들었던 시간이었습니다.

이번 2020년 1학기는 학생들과의 소통을 위해 카카오톡에 오픈 채팅방을 개설하여 언제든지 질문을 자유롭게 할 수 있게 하고, 성실하게 답변해 주고자 노력했습니다. 그 밖에 이메일 등으로도 질문을 받고 답변을 보내주었습니다. 중간고사, 기말고사 시험은 모두 온라인으로 시행하였고, 오픈 북 & 오픈 노트 & Free Internet으로 ZOOM을 통해 시험을 치른 뒤 답안지를 사진 찍어 스마트폰 앱을 이용해 pdf 파일로 변환시켜 온라인상의 과제 제출란에 올리는 방식으로 시험을 진행했습니다.

한 학기를 돌아보며 느낀 점은, 다행히 온라인 강의 자료가 미리 준비되어 있어서 학생들과의 소통에 힘을 쓸 수 있는 여력이 있었던 것 같습니다. 학생들과의 소통을 위해 매주 온라인 강의마다 내용 중 평균 3개의 주요 Topic을 주고 PPT로 작성하여 제출하게 하는 숙제(Assignments)를 내 주었는데, 그 Topic마다 작성 가이드라인을 참고 자료로 제공해 주었고, Homework solution 제공, 중간고사, 기말고사 지난 년도의 문제 등을 공개하였습니다. 특별히 각 chapter의 중요한 이슈에 대해서는 참고할 수 있는 유튜브 링크 및 참고자료 출처를 제공함으로써 학생들이 스스로 자료를 찾아보고, 고민해보고 공부할 수 있는 여건을 조성하도록 노력하였습니다. 한 가지 아쉬운 점은 발표와 토론 시간을 온라인상에서 충분히 소화하지 못한 점인데, 2학기에는 이 부분을 좀 더 고민해 보려고 합니다

신입생 환영 유튜브 음악회 개최 건 (2020년 6월 5일)

"미팅은커녕… 강의실 가보는 게 소원. 20학번의 빼앗긴 시절. 신입생의 특권 잃어버린 20학번"[1]

얼마 전 우리 대학 광운선교회 박정우 목사님과의 대화 속에서 "소원이 20학번 신입생을 한번 만나보는 것"이라는 말씀이 제 가슴을 아프게 했던 기억이 있습니다. 코로나 사태 이전 2018년도와 2019년도에는 제가 전자정보공과대학 학장으로 봉사하며, 광운대학교의 개교 이래 처음으로 두 차례에 걸쳐 각각 신입생 환영 음악회를 개최하여 나름 성과와 공감대를 이루게 되었습니다. 올해도 신입생 환영 음악회를 규모를 키워 개최하고 자, 총학생회, 총동아리연합회, 경영대 AMP 과정 등과 협의하여 행사를 알차게 치르자고 계획을 하던 중 코로나 사태를 만나서 이 행사도 제대로 구체적인 진전을 이루지 못하고 있었습니다.

전자정보공과대학 빌딩인 비마관 2층 해동학술관 및 3층 로비 리모델링 공사가 2월 말 마쳐지고, 그 기념식을 코로나 여파로 5월 중순 대학 개교기념식과 더불어 온라인 유튜브 채널 방송으로 진행하게 되었습니다.

봄 학기가 끝나기 전에 새로 리모델링한 비마관 3층 홀에서 소규모라도 음악회를 개최하려고 계획을 하고 있던 차에, 학교 당국의 대면 행사에 대한 거부감을 확인하고, 할 수 없이(?) 유튜브 음악회로 진행하게 되었습니다. 준비과정 및 여러 가지 사정으로 개인 음악회 형식으로 행사를 치르게 되었지만, 결과적으로 광운 방송국을 비롯한 대학의 많은 기관과 부처들의 도움으로 학교 행사로써 음악회를 진행하게 되었습니다.[2]

행사 경비는 학교 당국의 지원 없이 기업인 졸업생의 전적인 목적기금 후원을 통해 충당하였고, 5곡의 한국 가곡, 5곡의 외국 가곡 및 아리아 곡, 그리고 성가곡 1곡의 앵콜송으로 음악회를 진행했습니다. 행사 후 아쉬움과 실력이 모자라 실수에 대한 부끄러움도 있었지만, 신입생들을 향한 저와 대학 구성원들의 사랑의 마음을 전달할 기회라고 믿어, 행사를 진행하기를 아주 잘했다는 생각을 하게 되었습니다.

"한 줄기 빛이 되어 준 2020 신입생 환영 유튜브 작은 음악회" 행사 후 광운대 신문의 6월 7일 자 기사 제목입니다. 이 기사 제목을 보고 웃음이 나왔지만(어울리지 않게 과장되었다는 느낌에), 한편 학생들 관점에서 다시 생각해 보니, 오죽했으면 이런 기사 제목을 뽑았을까 하는 마음이 들면서 학생들의 안타까움과 아쉬움과 학생들이 그동안 느꼈을 여러 가지 감정들이 제게 강하게 전달되는 느낌을 받았습니다.

얼마 전 학회 모임에서 유튜브 음악회를 보신 타 대학 교수님이 제게 하신 말씀을 소개하면, "이 교수님 덕분에 다른 대학들은 20학번 신입생들을 위해 아무 일도 안 한 몰염치한 대학들이 되었습니다"라고 과장 섞인 농담을 하셨는데 전혀 기분이 나쁘지 않았습니다.

2020년 2학기와 그 이후의 변화?

우리 대학의 통계는 아쉽게도 갖고 있지 않아서 언론에서 접한 서울대학교의 통계 자료를 인용해 봅니다. 서울대 2020학년도 1학기 비대면 강의 만족도 조사결과 설문에 참여한 교수 716명 중 60.3%가 비대면 강의 활용 시스템이 만족한 것으로, 그리고 불만족 응답자는 8.2%이었습니다. 비대면 강의에서 학생들이 오히려 부담 없이 수업에 적극적으로 참여하고 활발하게 질문해 수업 참여도와 집중도가 높다고 상당수 교수가 응답했다고 합니다. 학생들의 경우 평가방법 및 기준의 모호성 지적이 일부 있었지만, 설문에 참여한 학부생 약 2천 명의 결과에서 비대면 강의에 대한 만족도 평균은 '대체로 만족한다'(4점)와 '보통'(3점)의 중간 정도인 3.53으로 전반적으로 만족한 것으로 나타났습니다.[3] 서울대의 설문 조사가 모든 대학의 교수와 학생들의 일반적인 생각이라고는 볼 수 없지만, 그럼에도 불구하고 상당히 유의미한 내용을 우리에게 전달해 주고 있다고 생각합니다. 그동안 온라인 교육에 대하여 불신 또는 반신반의하던 대학 내의 분위기에 변화와 긍정의 실마리를 제공해 줄 수 있다고 판단됩니다.

앞으로의 대학에서의 변화를 조심스럽게 예측해 본다면, 단기적으로는 대학마다 온라인 교육 인프라 시설의 확충 및 보강, 그리고 교육 콘텐츠 개발에 집중할 것으로 예상이 되며, 2학기도 특별한 이변이 없는 한 비대면 수업 중심으로 이어질 전망입니다. 교수님들도 1학기에는 준비 없이 시간에 쫓겨 동영상 교육 콘텐츠 제작에 정신이 없었지만, 2학기에는 아무래도 1학기의 경험을 살려 조금은 더 여유 있고, 또 교육 콘텐츠 내용도 좀 더 충실해 지리라 기대해 봅니다.

중장기적으로는 4차 산업혁명 시대에 대학도 많은 변화와 구조 조정이 예상됩니다. 최근 교육부가 온라인 학사-석사를 허용키로 했다는 신문 기사를 보았습니다.[4] 이렇게 되면 사이버 대학과의 경계가 더욱 모호해지고 학생들 간의 일반 대학 졸업장에 대한 유효성 논쟁이 더욱 가열될 것으로 예상됩니다.

또 다른 신문 기사 내용입니다. 한겨레 신문의 6월 30일 자 기사인데, 초파리 유전학자 김우재 교수님의 "코로나시대의 인문학"이라는 제목의 칼럼 일부를 제가 발췌해 소개합니다. "인문학뿐 아니라 물리적으로 대학이라는 체제가 필요하지 않는 학문 영역들부터 대학한테 버림받기 시작할 것이다. 이제 인문학은 학문의 존엄을 지키기 위해서라도 대학 밖으로 나가야 한다. (중략) 코로나 사태는 인문학을 시험에 들게 만들고 있다. 부디 인문학자들의 건투를 빈다" 결국 대학 구조 조정의 빌미를 제공해 줄 수 있다는 점에서 인문학의 위기를 지적하고 있다고 볼 수 있습니다.

코로나 사태에서 확인했듯이 이 사태가 진정되는 것의 여부에 상관없이 앞으로 온라인 교육의 강화는 필연이 될 것이며, 따라서 대학의 교수나 재학생이나 새로운 형태의 교육에 대한 자세(attitude)의 변화가 필요하다고 생각합니다(적극적 참여, 능동적 참여).

결론

짧은 시간에 제 경험을 중심으로 여러 가지 이야기를 나누었지만, 코로나 사태로 우리 모두 불편하고, 답답하고, 미래에 대한 불확실성으로 인해 불안감이 있는 것 또한 사실입니다. 하지만 조금만 생각의 방향을 미래 지향적으로 바꾸어 보면, 우리의 앞날, 특히 대학 교육의 미래도 어느 정도 예측되며 준비하고 대비할 수 있는 시간과 여유를 찾을 수 있다고 생각해 봅니다.

대학 구조나 시스템의 변화는 피할 수 없는 시대의 흐름이라는 전제하에, 그것이 당장 이루어지지는 않는 과도기를 거쳐야 한다는 인식과 현재 우리의 위치에서 우리가 해야 할 일들을 올바른 방향 감각으로 지혜롭게 할 수 있어야 한다는 공감대 형성도 중요할 것 같습니다.

대학 당국은 불확실한 미래이지만 끊임없이 구성원들과의 소통을 통해 정책의 방향과 단/중/장기 계획들을 계속 알리고 수정하고 동의를 구하며 나름의 목표를 이루어가야 할 것입니다. 구성원들의 요구를 모두 수용할 수는 없겠지만, 가능한 청종을 하고, 이해를 구하며 생존의 문제와 경쟁의 현실들을 타개해 나가야 할 것입니다. 특히 비대면 환경에서도 대학이 학생들과 함께하고 있고, 학생들의 요구에 귀 기울이고 있다는 시그널을 지속해서 줄 필요가 있으며, 학생들을 위로하고, 격려하며, 용기를 북돋을 방법과 행사도 가능한 자원과 인프라를 동원해 제공하는 것이 필요하다고 생각합니다.

교수들은 익숙하지 않지만 새로운 교육 방식에 빨리 적응하려는 노력이 필요하며, 학교의 교육기관(광운대학교의 경우 광운 MOOC 센터 등)의 도움도 적극적으로 요청할 필요가 있습니다. 무엇보다 온라인 교육 환경 속에서 좀 더 학생들과의 소통을 원활하게 할 수 있는 방법과 노력을 계속해야 할 것입니다.

학생들은 기존 교수님들이 강의실에서 일방적으로 전달하는 지식 전달의 수업에 수동적으로 반응하는 방식에서 탈피하여, 새로운 시대에 맞는 유연성으로 스스로 공부하고, 정보 검색 및 관련 지식들을 폭넓게 축적해 나갈 수 있는 능력을 개발해야 하겠습니다. 이공계 학생들의 경우 실험, 실습, 설계 능력을 배양하기 위한 개별적인 노력도 필수적으로 필요합니다.

대학 구성원 모두가 커뮤니케이션 능력을 더욱 개발하고, 서로 소통하기 위한 노력이 더욱 요구됩니다. 필요하다면 부분적이나마 대면 수업을 병행하는 방법, 학과 또는 클래스 소모임 개최 등에 대한 방법도 지혜롭게 추진할 필요가 있을 것 같습니다.

코로나 이후 시대는 4차산업혁명과 맞물려 더욱 기술의 혁신과 아울러 여러가지 미래의 불확실성이 증가하는 시대입니다. 지금과 같이 어려운 시기일수록 "Back to the basics", 기본으로 돌아가 내가 해야 할 핵심적인 일들에 충실하다 보면 미래에도 내가, 또 우리가 사회와 인류를 위해 쓰임받는 시대가 열릴 수 있을 것입니다.

참고문헌

4차산업혁명(Stanford University) www.youtube.com/watch?v=Ax5ehTYTR6U

미네르바대학 www.youtube.com/watch?v=TrQ-MdATBxo

에꼴42 www.venturesquare.net/754423

올린 공대 brunch.co.kr/@honux77/4

코로나 학기를 마치며 김범수/서울대 자유전공학부·정치학(대학지성 In&Out 7.12)

　　www.unipress.co.kr/news/articleView.html?idxno=1630

신입생 특권 잃어버린 20학번(한국일보 2020.07.07 인터넷 기사제목)

　　m.hankookilbo.com/News/Read/A202007011339000039

광운대 2020 신입생 환영 유튜브 작은 음악회(2020.06.05)

　　youtu.be/QZdCZ1FTxeU

한줄기 빛이 되어준 '2020 신입생 환영 유튜브 작은 음악회'(광운대 신문 2020. 06.
07)

　　kwnews.kw.ac.kr/news/articleView.html?idxno=10039

코로나 시대의 인문학(초파리 유전학자 김우재/한겨레신문 2020. 06. 30)

　　m.hani.co.kr/arti/opinion/column/951480.html

원격수업이 대학 '뉴 노멀' "교육부 온라인 학사, 석사 허용키로"(중앙일보 2020. 07.
02)

　　n.news.naver.com/article/025/0003014202?lfrom=kakao

미주

[1] 한국일보 2020년 7월 7일 기사 제목

[2] youtu.be/QZdCZ1FTxeU

[3] www.unipress.co.kr/news/articleView.html?idxno=1630 김범수/서울대 자유전공학부 정치학, 대학지성, In&Out 7.12

[4] 대학 뉴노멀, 중앙일보 2020년 7월 2일

하나님이 이기십니다(God wins)

김태형 목사(석관중앙교회 청년부 담당)

블레셋 사람들이 하나님의 궤를 빼앗아 가지고 에벤에셀에서부터 아스돗에 이르니라 블레셋 사람들이 하나님의 궤를 가지고 다곤의 신전에 들어가서 다곤 곁에 두었더니 아스돗 사람들이 이튿날 일찍이 일어나 본즉 다곤이 여호와의 궤 앞에서 엎드러져 그 얼굴이 땅에 닿았는지라 그들이 다곤을 일으켜 다시 그 자리에 세웠더니 그 이튿날 아침에 그들이 일찍이 일어나 본즉 다곤이 여호와의 궤 앞에서 또다시 엎드러져 얼굴이 땅에 닿았고 그 머리와 두 손목은 끊어져 문지방에 있고 다곤의 몸뚱이만 남았더라 그러므로 다곤의 제사장들이나 다곤의 신전에 들어가는 자는 오늘까지 아스돗에 있는 다곤의 문지방을 밟지 아니하더라
(사무엘상 5장 1절-5절)

많이 우울하시죠?

요즘 마음이 참 울적하고 가슴이 답답할 때가 많습니다. 예전에는 당연한 일로 여겼던 것들을 누리지 못하고, 하고 싶은 것들을 제대로 하지 못하는 것이 많습니다. 꿈에 부풀어서 대학 새내기가 되었는데 학교 캠퍼스도 제대로 밟아보지 못한 사람들도 있겠고, 여러 가지 스펙을 쌓고 취업을 준비하기 위해 준비했던 유학이나 자격증 시험 등이 취소되거나 일정이 변경되어 심란한 분들도 계실 것이며, 심지어는 원치 않는 상황에 빠져서 격리되거나 여러 가지 곤란한 일을 겪으신 분들도 계실 겁니다. 모든 것이 정상이 아닌 상태라고 여겼는데 이제는 이것을 새로운 일상생활로 여기고 살아가야 할 것 같다는 압박감이 우리를 더 힘들게 합니다. 한 번도 겪어본 적이 없는 우울한 시대, 누구도 정확한 답을 내릴 수 없는 문제의 시대를 살고 있는 것입니다. 그럼에도 불구하고 어떤 영화에 나오는 대사처럼 분명히 "우리는 답을 찾을 것입니다. 언제나 그렇듯이요." 그러나 가만히 기다린다 해서 답이 저절로 나오지 않습니다. 또한, 어떤 사람이 발견한 답이 반드시 모든 문제를 해결해주는 답이 되지 못할 가능성도 높습니다. 그렇다고 해서 답을 찾기 위한 노력마저 멈추는 것은 바르게 살아가는 모습이 아닌 것 같습니다.

그러므로 오늘 우리는 하나님의 말씀 가운데 한 부분을 바탕으로 우리가 겪고 있는 문제에 대해 진단하고, 그것에 대한 해답을 찾기 위한 한 걸음을 내딛는 시간을 가지고자 합니다.

먼저 분명히 말씀드리는 것은 제가 오늘 드리는 말씀이 뉴노멀의 절대적인 기준이 될 수는 없을 것이라는 사실입니다. 저는 석관동이라는 지역에 있는 한 교회의 청년부를 담당하고 있는 목회자이고, 제가 가진 관점에서의 문제 파악과 그에 대한 해결책은 제가 속한 공동체에 국한된 것일 가능성이 높기 때문입니다. 그럼에도 오늘 이렇게 함께 말씀을 나눔으로써 현 상황을 보는 관점과 그에 대한 해결책의 일부분을 공유하고, 앞으로 다가오는 시대에 대비하는 데 있어서 작은 도움이나마 될 수 있다면 정답을 찾기 위한 한 걸음을 함께 내딛는 시도를 했다는 자부심은 가질 수 있을 것 같습니다.

앞을 볼 수 없는 상황입니다

현재 우리가 처한 상황이 이전의 그 누구도 경험해보지 못한 새로운 일들이고, 그것이 사회에 매우 부정적인 영향을 끼치고 있다는 점에서, 오늘날의 상황은 제가 함께 나누고 싶은 말씀의 배경이 되는 시대 상황과 매우 유사합니다. 오래전, 이스라엘이 블레셋의 압제를 아직 온전히 벗지 못하고 치열하게 영토 전쟁을 벌이고 있던 때의 일입니다. 당시 이스라엘의 최고 지도자라 할 수 있는 사람은 엘리 제사장이었으며, 그의 두 아들 홉니와 비느하스가 늙은 아버지를 대신해서 군대를 이끌고 전쟁터에 나가 주적이었던 블레셋군과 전쟁을 벌였습니다. 블레셋은 이스라엘에 비해 군사력이 강했기 때문에 이스라엘 군대가 패퇴합니다(삼상 4:1-2). 이에 홉니와 비느하스는 특단의 조치를 내립니다. 바로 그의 아버지 엘리 제사장이 모시고 있던 언약궤를 실로에서부터 전쟁터로 가지고 와서 그것을 앞세워 블레셋과 싸우기로 한 것입니다(삼상 4:3-4). 언약궤가 진영에 들어오자 이스라엘 군대는 사기가 오를 대로 올라 큰 소리를 지르며 블레셋 군대를 무찌르기 위해 달려 나갔습니다(삼상 4:5). 이에 블레셋 군대는 죽기 아니면 살기로 대항했고, 결과는 이스라엘의 참패였습니다(삼상 4:6-11). 수많은 군인들을 비롯해서 홉니와 비느하스도 전사했고, 언약궤는 빼앗기게 되었으며, 그 소식을 들은 엘리 제사장도 충격을 받은 나머지 의자에서 굴러 떨어져 목이 부러져 죽었고, 비느하스의 아내 역시 남편과 시아버지의 죽음, 그리고 언약궤를 빼앗긴 소식을 듣고 아이를 낳다가 죽었습니다. 그 아이의 이름은 '이가봇'이 되었으며, 그 뜻은 "모든 영광이 이스라엘에게서 떠나버렸다"라는 의미였습니다 (삼상 4:12-22). 이스라엘의 모든 리더십이 사라졌고, 하나님의 임재를 상징하는 언약궤는 블레셋의 손에 넘어갔으며, 도저히 희망이 보이지 않는 어두운 시대가 시작된 것입니다.

하나님이 친히 일하십니다

바로 이런 상황을 배경으로 하여 오늘 읽었던 본문 이하의 일들이 일어납니다. 당시의 사람들은 국가 간 전쟁의 승패는 각 나라가 섬기는 신의 능력 정도에 따라 결정된다고 믿었습니다. 블레셋이 이스라엘과의 전쟁에서 승리했다는 것은 그들의 신 다곤이 이스라엘의 신 여호와보다 강하다는 뜻입니다. 이제 블레셋은 다곤의 능력을 힘입어서 승승장구하게 될 것이고, 여호와가 사로잡혀 다곤의 포로가 되어버린 이스라엘은 점차 힘을 잃어 망하게 될 것입니다. 블레셋 사람들은 그런 기대를 가지고 전리품으로 획득한 여호와의 언약궤를 아스돗 지역에 있던 다곤의 신전에 넣어두었습니다. 다음 날 아침에 보니 다곤의 신상이 쓰러져 있었습니다. 블레셋 사람들이 그 신상을 일으켜 세웠지만 그 다음 날 아침에는 그 신상의 머리가 떨어져 나가고 두 손이 끊어진 채로 여호와의 언약궤 앞에 엎드러져 있었습니다. 이어지는 일들은 더 놀라웠습니다. 언약궤를 가져다 놓았던 아스돗 지역에 전염병이 돌게 되었습니다. 이에 놀란 아스돗 사람들이 언약궤를 가드로 옮겼더니 가드 지역에 전염병이 돕니다. 결국 블레셋 지경의 어디에도 언약궤를 둘 곳이 없다는 사실을 깨달은 그들은 그것을 다시 이스라엘로 돌려보낼 수밖에 없었습니다. 승리를 가져다주는 믿음의 대상이었던 다곤이 산산조각 났고, 다곤의 지배하에 있던 블레셋 사람들은 무섭고 강한 하나님을 인정할 수밖에 없었습니다. 이스라엘은 졌지만 이스라엘의 하나님은 지지 않으셨고, 언약궤가 이스라엘을 떠나게 되었지만 하나님께서 스스로 블레셋의 신을 치시고 그 민족들을 심판하신 후 자기 영광의 자리로 돌아오신 것입니다.

나의 고통은 하나님의 실패가 아닙니다

이 이야기가 우리와 무슨 상관이 있는 것일까요? 가장 먼저 적용할 수 있는 것은 내가 겪는 어려움과 고통 혹은 실패가 절대로 하나님의 부재나 무관심을 의미하는 것이 아니라는 사실입니다. 나라를 통치하는 최고 리더십이었던 엘리 제사장이 죽고, 그의 뒤를 이어 나라를 통치해야 할 두 아들도 죽었으며, 하나님의 임재를 상징하는 언약궤까지 빼앗긴 절망적인 상황에서 '모든 영광이 떠나버렸다, 이 세상은 끝났다!' 라고 외치는 것이 지극히 상식적이고 당연한 모습입니다. 안정적인 미래가 보장될 수 없으니까요. 그러나 그 뒤에 일어난 일들은 하나님께서 결코 패배하지 않으셨고, 그가 절대로 이스라엘을 버려두고 떠나지 않으시는 분이심을 확실하게 알려주는 일들이었습니다. 그 일들은 철저하게 하나님께서 스스로 하셨습니다.

코로나19 바이러스 감염증으로 인해 우리가 여태껏 '정상적이다' 혹은 '평범하다'고 생각했던 거의 모든 일에 큰 변화가 오게 되었습니다. 많은 사람이 현재 상황을 보면서 부정적이고 암울한 미래상을 제시합니다. 왜냐하면 이전부터 누려왔던 모든 것을 포기해야만 할 것 같다는 두려움이 있기 때문입니다. 신입생 OT부터 시작해서 과별 MT, 불꽃 튀는 사랑 놀음 등 캠퍼스에서 경험하는 것이 당연하다 생각했던 것들이 먼 과거의 일처럼 느껴집니다. 탁월한 실력을 가진 교수님 아래에서 학문을 배우며 희망찬 미래를 만들어 가야 할 수업들이 온라인 영상으로 진행되면서 교수님과 학우들 사이의 인격적인 관계 형성이 되지 않는 것은 물론이거니와 수업의 질 역시 현저하게 낮아져 버렸습니다. 결코 실패하지 않는 사업이라 여겨졌던 정유, 항공,

관광 등 풍요로운 소비의 핵심을 이루었던 사업들이 망해갑니다. 이전에 자연스럽게 누려왔던 모든 것들이 이제는 화려한 추억으로만 남고, 앞으로 다가올 미래는 디스토피아일 것만 같습니다. 자기 아들에게 '이가봇'이라는 이름을 지어주며 죽어간 비느하스의 아내와 같은 심정으로 세상을 비관하는 것이 당연한 것처럼 보입니다.

그런데 이런 상황에서 우리가 잊지 말아야 할 것이 있습니다. 하나님은 절대로 실수하거나 실패하지 않으시고, 당신의 택한 백성을 버리고 떠나시지도 않는다는 것입니다. 이스라엘이 언약궤를 빼앗기고 모든 리더십을 잃어버린 채 제대로 된 미래의 청사진을 제시할 수 없는 상황에서 벌벌 떨고 있을 때, 하나님께서는 블레셋의 중심지에서 그들의 신을 꺾으시고, 그들을 심판하신 후 영광 가운데 이스라엘로 돌아오셨습니다. 영원히 변함없으신 하나님께서는 지금도 우리가 볼 수 없는 곳에서 우리가 상상도 하지 못할 놀라운 일들을 이루고 계십니다.

이전 상태로의 회귀가 아니라 바른 상태로의 회복을 원하십니다

하나님께서 그렇게 블레셋을 치고 돌아오신 것으로 역사는 끝나지 않습니다. 하나님께서는 스스로 영광을 되찾으신 후에 이스라엘 백성들이 말씀대로 살아갈 수 있도록 새로운 리더십을 허락하시고 새로운 질서 가운데 살아가게 하셨습니다. 자기 마음대로 하나님을 이용해 먹으면서 권력을 누리며 살았던 제사장의 후손을 대신해서, 그 아래에서 제사장의 역할을 배우며 하나님의 말씀을 신실하게 대언했던 사무엘이 이스라엘의 지도자가 되었습니다. 그가 가장 먼저 한 일은 이스라엘 백성들과 함께 회개하는 것이었습니다(삼상 7:3-4). 특정한 죄를 지은 일부 범죄자들이 아니라 이스라엘 백성 전체가 미스바에 모여서 하나님의 말씀대로 살지 못했던 자신들의 모습을 회개했습니다(삼상 7:5-6). 율법과 규례에 순종하며 살아가지 않고, 이방 민족들과 구별된 모습을 보이지 못하고, 하나님을 이용해서 자기 이익을 챙기던 삶을 돌이키기 위해 하나님께 부르짖었습니다. 이스라엘을 공격하는 블레셋 사람들에 대항해 칼과 창을 들고 맞서 싸우기 이전에 하나님께서 지켜주시고 그들을 무찔러 달라고 기도하기 시작했습니다. 철저하게 자기 기준에 따라 자기 능력으로 살았던 이스라엘 백성들이 하나님의 은혜와 자비로 살아간다고 고백하기 시작한 것입니다. 하나님께서는 블레셋 사람들을 물리치셨고, 사무엘이 지도자로 있는 동안 블레셋 군대가 다시 대규모로 이스라엘을 침공하는 일은 일어나지 않았습니다(삼상 7:7-14). 지도자가 사라지고 절망이 가득한 미래가 오게 될 것이라 생각했지만, 하나님을 의지하고 살아갈 때 오히려 그전보다 나은 삶을 살 수 있게 되었습니다.

이스라엘이 전쟁에 지고 언약궤를 빼앗기는 비참한 지경에 빠졌던 이유는 그들이 하나님의 말씀대로 살아가지 않았기 때문입니다. 하나님께서는 이스라엘 백성이 어떻게 예배하고, 어떻게 사회 질서를 세우며, 어떻게 거룩한 삶을 살아야 할지를 이미 오래 전 모세를 통해 가르쳐 주셨지만, 이스라엘 백성들은 그 율법과 규례의 말씀들을 제대로 따르지 않고 오히려 이방 민족들이 자기 신들을 섬기는 방식으로 하나님을 섬기려 했습니다. 그 결과로 이스라엘은 패배했고 언약궤를 빼앗겼습니다. 이스라엘 민족이 스스로 하나님의 영광을 가리고, 하나님의 이름을 더럽히며, 하나님의 말씀에 맞지 않는 삶으로 하나님의 심판을 자초한 것입니다. 그러나 그 심판은 잘못에 대한 형벌로 끝난 것이 아니라 그렇게 잘못한 이스라엘 백성들이 올바른 모습으로 살아가도록 변화시키는 데까지 영향을 미쳤습니다. 하나님께서 다곤을 꺾으시고, 스스로 이스라엘 땅으로 돌아오시며,

당신의 말씀을 대언하는 선지자를 통해 말씀과 기도로 하나님을 의지하며 살게 하셨고, 그 결과로 이스라엘 백성은 혼란과 고통이 가득했던 사사 시대를 끝낼 수 있게 된 것입니다.

위에서 살펴본 내용은 그대로 우리에게 적용이 됩니다. 우리가 하나님의 말씀대로 살지 않으므로 하나님의 영광을 가렸습니다. 하나님의 뜻과 말씀대로 살아가야 하는데, 우리의 방식 즉, 세상의 방법대로 하나님을 섬긴다고 하면서 하나님을 이용하는 데 급급했습니다. 코로나19로 인해 지금까지의 삶이 타격을 받고 강제적으로 멈출 수밖에 없게 된 것은 우리의 잘못에 대한 하나님의 심판일 뿐만 아니라 이를 통해 우리에게 새로운 질서, 하나님의 은혜를 의지하는 삶의 태도를 지니며 살아갈 수 있도록 하기 위한 자비의 조치이기도 합니다. 하나님은 지금도 분명히 이를 위해 역사하고 계십니다. 어떻게 그 역사에 동참할 수 있을까요?

하나님 앞에서 성숙한 모습으로 자라갑시다

이제 새로운 시대를 맞이하기 위해 실제적으로 어떻게 우리 삶의 방식을 하나님의 은혜를 의지하는 것으로 바꾸어 살아갈 수 있을 것인지에 대한 내용을 나눔으로써 설교를 맺겠습니다.

첫째, 다른 어떤 것보다 개인적인 경건의 시간을 철저히 가지도록 해야 합니다. 그동안 신앙이 좋다는 칭찬을 듣는 사람들은 예배에 많이 참석하고, 교회에서 요구하는 여러 가지 활동에 적극적으로 참여하며, 헌금을 많이 내고, 높은(?) 직분을 얻는 사람들이었습니다. 그러나 이 모든 일들 가운데 그 사람이 정말로 하나님과 인격적인 사랑의 관계를 나누고 있는지의 여부는 살펴보지 못하는 경우가 허다했습니다. 하나님은 일하는 사람을 필요로 하지 않으십니다. 일은 천사들을 통해서도 할 수 있고, 심지어는 무생물들을 통해서도 이루실 수 있습니다. 하나님은 인격적인 사랑의 교제를 나눌 백성들을 원하십니다. 이를 위해 우리가 할 수 있는 최선은 교회에서 만들어 준 어떤 모임이나 행사들을 적극적으로 해나가는 것이 아니라, 각자의 골방에서 보이지 않는 하나님께 기도하고, 그 분의 말씀을 통해 하나님의 마음과 뜻을 알아 그 뜻대로 살아가는 것입니다. 내가 어떤 방식으로 하나님과 교제할 수 있는 경건의 시간을 가지는 것이 좋은지에 대해서는 어떤 말보다도 게리 토마스가 지은 『영성에도 색깔이 있다 』(CUP, 2003)는 책을 읽어보고 그 책에서 소개하는 9가지 영적인 기질 검사를 통해 자기 영성의 색깔을 찾아가

보시라고 말씀드리고 싶습니다.

두 번째로, 신령과 진정으로 드리는 예배에 집중해야 합니다. 지난 한 세기 동안 교회의 예배는 마치 쇼핑몰의 진열 상품처럼 여겨져 왔습니다. 내가 편한 시간에 맞춰서, 내 취향에 맞는 형식을 따라, 내가 듣고 싶은 스타일과 내용의 설교를 듣는 것을 은혜받는 것이라 생각을 했습니다. 그러다 보니 자연스럽게 예배의 횟수가 많아지고, 형식이 다양해지고, 개인의 성향이나 사회적 환경이 비슷한 사람들끼리 모이기 쉬워졌습니다. 거기에 더하여서 내 마음에 드는 교회의 여러 가지 모임이나 행사, 봉사 활동 등이 예배보다 더 중요한 자리를 차지하게 되어 예배는 그저 스쳐 지나가는 과정 정도로 여겨집니다. 더군다나 요즘에는 코로나19로 인해 현장예배를 지양하고 온라인 예배를 장려하다 보니 더욱더 내 입맛에 맞고 내 형편에 맞는 시간과 장소에서 내 맘대로 예배를 선택해서 드려주는 상황이 되어버렸습니다. 그러나 예배는 내 심신의 평안과 정서적 혹은 영적 만족감을 얻기 위한 것이 아닙니다. 그것은 나를 위해 예배를 이용하는 것입니다. 하나님께서는 얼마나 많은 횟수의 예배를 드렸느냐, 얼마나 많은 모임이나 활동을 했느냐, 얼마나 열정적이고 주도적으로 예배에 참석했느냐 하는 것에는 전혀 관심이 없으십니다. 하나님께서는 오직 신령과 진정으로 예배드리는 사람을 찾으십니다. 코로나로 인해 다른 활동들이 정지될 수밖에 없는 이때, 하루라도 빨리 다른 활동들을 재개하기 위해 애쓸 것이 아니라 내가 가장 정성스럽게 준비해서 집중적으로 하나님의 말씀을 들으며 신령과 진정으로 예배할 수 있는 시간과 장소가 어디인지 돌아보고 바른 예배자로 서는 기회로 삼는 것이 바람직합니다. 나의 만족과 기쁨을 위한 예배가 아니라 하나님께서 기뻐하시는 예배를 드리는 것이 교회에 속한 성도로서 가장 힘써야 할 부분입니다.

셋째, 여러분 각자가 속해 있는 여러 사회 조직들 안에서 성실하고 정직한 그리스도인이라는 사실을 드러낼 수 있어야 합니다. 하나님께서는 사람을 절대로 혼자 사는 존재로 만들지 않으셨습니다. 그래서 많은 성도가 교회에 모여서 교회에서 만들어놓은 소그룹 활동, 성경공부, 봉사 활동, 단기선교 등에 참여하며 그 과정들 속에서 성숙해져 가는 것이 당연한 모습입니다. 그러나 이제는 교회 조직을 통해 그런 일들을 진행하는 것이 무척 어렵고, 사회적 책임의 면에서는 절대로 그렇게 해서는 안되는 상황이 되었습니다. 그럼에도 불구하고 같은 믿음을 가진 공동체는 반드시 존재해야만 합니다. 그러므로 믿음의 공동체가 나를 불러주기를 기다리는 것이 아니라 내가 믿음의 공동체를 불러일으키는 자가 되어야 합니다. 어떻게요? 아주 간단합니다. 여러분들이 지금 속해 있는 모든 곳에서 '나는 그리스도인이다'라는 사실을 보여주면 됩니다. 예전에는 그 모습을 보여주기 위해 교회에 나오는 것으로 충분했습니다. 집에서 일이 있을 때 교회에 가야만 한다고 말하며 교회에 와서 시간을 보내면 믿음을 표현하는 것이었고, 학교 모임과 교회 모임의 시간이 겹칠 때 교회로 가는 사람이 믿음이 좋은 사람이었습니다. 회사에 다닐 때도 교회에 가야 하기 때문에 야근을 하지 않고 주말 활동에 참여하지 않는 것이 믿음을 표현하는 것이었습니다. 그러나 시간과 공간을 분리함으로써 믿음을 표현하는 경우 자칫 잘못하면 이분법적인 율법주의에 빠져서 종교 활동을 하는 것 자체만으로 하나님과 인격적인 사랑의 관계를 잘 맺고 있다고 착각하게 될 수도 있고, 가정이나 학교나 직장 등 같은 사회 조직에 속한 이들에게 소외감 혹은 배신감을 주게 될 수도 있습니다.

우리가 바른 방식으로 예수 그리스도를 믿는 사람으로서의 정체성을 드러내기 위해서는 성령의 열매를 맺는 사람이 되어야만 하는데, 성령의 열매를 맺어가는 사람들이 가지는 삶의 태도의 핵심은 성실과 정직입니다. 주어진 일들을 하나님께 충성하듯이 성실하게 감당하고, 내게 불이익이 된다고 할지라도 정직하게 행동하는 것, 정말 간단하지만, 결코 쉽지 않은 그 모습이 바로 '내가 그리스도인이다'라고 고백하는 것과 같습니다. 물론, 예수님을 믿지 않는 자들 가운데도 성실하게 맡은 일을 잘하고 정직하고 올바르게 살아가는 자들이 있습니다. 그런 자들을 인정하고 칭찬해주십시오. 그리고 예수님의 은혜로 그런 사람들보다 더 성실하고 더 정직한 삶을 보여줄 수 있도록 하십시오. 예수님을 믿지 않는 가족들과 함께 가족 행사를 치러야 할 때, 성실하게 가족들과 시간을 보내되 정직하게 마음과 몸이 고통받고 있다는 사실을 말하고 함께 그 문제를 해결해갈 수 있도록 대화하십시오. 여러 모임의 시간이 겹쳤을 때, 가장 먼저 하나님께 물어보고 성령님이 인도하시는 대로 우선순위를 결정해서 모임에 참여하십시오. 단, 이 과정에서 어쩔 수 없이 우선순위에서 밀려난 다른 모임의 구성원들에게 진심으로 사과하고 그들의 마음을 풀어주도록 노력하십시오. 직장에서 일할 때, 예수님을 믿는다는 것을 핑계로 내 편의를 챙기지 마시고, 예수님 때문에, 내가 하고 싶은 일과 내게 더 큰 이익이 되는 일을 과감하게 다른 이에게 넘겨주고 더 적은 이득, 심지어 손해를 보는 일이 있다 할지라도 그 일에 앞장서서 참여하십시오. 인스타그램이나 페이스북 같은 SNS 활동 가운데 성실하고 정직하게 하나님과 인격적인 사랑의 관계를 맺으며 경험했던 은혜들을 가감 없이 올리고, 좋아요가 없어도 상처받지 마십시오. 그들에게 보기 좋고 내 기분 좋아지라고 하는 SNS 활동이 아니라 하루하루 나의 삶이 하나님과 인격적인 사랑의 교제를 나누는 은혜의 현장이라는 사실을 기록하는 일기장으로 활용하십시오. 그 가운데서 같은 믿음으로 반응하는 진짜 믿음의 동역자들이 나타나게 될 것입니다.

더 구체적이고 실제적인 방안들은 우리 각자가 이런 모습으로 살아갈 때 함께 찾아가게 될 것입니다. 다시 한번, 어느 영화의 대사를 인용합니다. "우리는 길을 찾을 것입니다. 언제나 그래왔듯이." 완전히 망한 이스라엘을 살리시고 새로운 시대를 여신 하나님의 역사가 오늘 우리 가운데도 충만하게 임하시기를 주님의 이름으로 축원합니다.

포스트 코로나19 시대의 캠퍼스 및 청년 공동체의 성찰과 방향

나영호 간사(대학생성경읽기선교회UBF)

내가 또 주의 목소리를 들으니 주께서 이르시되 내가 누구를 보내
며 누가 우리를 위하여 갈꼬 하시니 그 때에 내가 이르되 내가 여
기 있나이다 나를 보내소서 하였더니
(이사야 6장 8절)

들어가는 말

시를 판화로 그려내는 판화가인 이철수 씨의 작품 중에 '가난한 머루 송이에게'라는 작품이 있습니다. 가느다란 가지 끝에 작은 머루 송이가 열렸는데, 언뜻 봐도 풍성하지 않은 한 열다섯 개 정도의 작은 머루알이 맺혀 있습니다. 그리고 그 판화에 이런 짤막한 대화가 적혀있습니다. "겨우 요것 달았어?", "최선이었어요...", "그랬구나... 몰랐어. 미안해~" 비록 보기에는 형편없는 열매였지만, 머루도 나름대로 어려운 가운데서 최선을 다한 것이었습니다. 이 어려운 시대를 살아가시는 복음 사역자분들과 동역자분들에게 부족하지만, 이 한마디 해드리고 싶습니다. "부르신 그곳에 계속 서 있어 주셔서 너무나 감사드립니다."

저는 학교에서 선교단체 간사의 사역도 하지만, 대학 물리 과목을 강의하고 있습니다. 출석부가 나오면 학생들 이름을 외우기 시작합니다. 한 명의 학생이라도 저의 강의를 통해 하나님께 한 발자국이라도 다가갈 수 있다면 너무나 좋겠다고 기도하며 수업에 들어갑니다. 그리고 수업이 끝나면 도움이 필요해 보이는 한 학생과 대화를 하면서 이런저런 이야기를 나누곤 합니다.

올해는 코로나 19 정국으로 인해 학생들이 학교에 출석하지 않았기 때문에 온라인 강의로 대체되었는데, 온라인 강의를 시작하기 전에 1분 정도 유익한 성경의 말씀과 명언들을 나누고 수업을 시작하였습니다. 강의 평가를 보니 그렇게 한 마디를 해 주는 것을 학생들이 꽤 좋아하는 것을 볼 수 있었습니다. 그것을 보고 대학생들은 시대가 바뀌어도 누군가 그 인생을 바른길로 인도해 줄 목자가 여전히 필요하다는 생각이 들었습니다. 물론 인생의 답을 얻기 위해 '구글, 네이버, SNS, 유튜브' 등 수많은 인터넷 매체를 통해 다양한 정보를 얻을 수 있습니다. 그러나 그 정보가 '명답'이 될 수는 있겠지만, 진리에 대한 '정답'은 언제나 성경에 있다고 생각하고 있습니다.

코로나 19 시대 캠퍼스 상황과 고민

최근 코로나 19 바이러스가 불러온 일상의 가장 큰 변화는, 만남의 벽이라고 볼 수 있습니다. 새로운 사람들과 만나는 것도 꺼려지고, 아는 사람도 혹시 저분이 코로나에 걸렸으면 어떡하나? 이런 생각이 들어 만나고 나서도 불안해질 때가 있습니다. 그래서 어찌하든지 마스크를 착용하고, 손 세정제로 열심히 손바닥을 문지르고, 되도록 아는 사람이 아니면 만나지 않으려고 하는 현상들이 벌어지고 있습니다. 요새는 배달을 시켜도 문 앞에 놓고 가도록 하는 옵션을 고를 수 있습니다. 언택트 문화가 이제 생활 속 깊이 들어오는 것을 새삼 느낄 수 있습니다. 그래서 어떤 분들은 AC, BC를 After Corona, Before Corona 라고 하면서 코로나 바이러스로 인해 산업구조가 완전히 온라인으로 넘어가고 또 언택트 기술이 더욱 성장하는 그런 시대가 될 것이라 이야기하고 있습니다. 실제로 우리가 사역하는 대학교에서는 대면, 비대면 수업을 혼용하면서 이제 온라인 수업이 당연시되어가고 있습니다. 대면 수업도 학생들이 한 칸 띄어서 앉아 공부하고, 되도록 같이 모여 이야기하지 않도록 주위를 주고 있습니다. 이런 상황에서 사람들과의 관계라는 것이 도대체 어떻게 생겨날 수 있을까? 사실, 이 복음이라는 것이 그동안 이 관계를 통해서 효과적으로 증거가 되어왔는데, 이런 상황만 보면 앞으로 캠퍼스를 섬기는 간사로써 어떻게 해야 할지 굉장히 어렵게 느껴집니다. 우리는 이런 상황에서 어떻게 도와야 할 사람들을 만나고, 하나님께서 맡겨주신 일들을 감당할 수 있을까요?

"광운대 학생 중 정보과학교육원까지 포함해서 약 1만 명가량이 되는 학생 중에, 하나님께서 보내주신 영혼들을 내가 어떻게 만날 수 있을까? 학생 리더들이 어떻게 삶의 현장에서 예수님을 만나고 복음을 흘려보내도록 도울 수 있을까?" 아마 모든 선교단체 간사님들의 고민이지 않을까 싶습니다.

어려운 상황 속에서 일하시는 하나님의 손길

다행히도 이번 한 학기 동안의 사역을 돌아볼 때, 기존에 관계성을 맺고 있었던 영혼들(불신자)과 학생 리더들은 더 깊이 성장할 수 있었습니다. 서로 만나지 못하는 상황을 통해 자신의 개인 신앙을 점검하는 계기가 되었습니다. 노아처럼 한마디 말씀에 순종하며 산다는 것이 무엇인지, 다니엘처럼 홀로 정해진 시간에 기도한다는 것이 무엇인지, 선한 사마리아인처럼 자신이 서 있는 곳에서 나눈다는 것이 무엇인지, 아무도 보지 않는 곳에서 혼자 있을 때 자신이 어떻게 살아야 하는지 깊은 문제의식을 느낄 수 있었습니다. 코로나로 인해 발생한 어려운 상황들은 도리어 학생 리더들로 하여금 왜 성경을 배우고, 기도하고, 예배해야 하는가? 본질적인 것들을 생각하도록 도와주었습니다.

또한, 기존에 있는 모임들이 온라인으로 대체되면서, 기존에 멀리 있어서 잘 오지 못하는 영혼들이 오히려 영상을 통해 거리 문제를 극복하며, 같이 성경을 공부하고 예배드릴 수 있었습니다. 심지어 군대에 가 있는 영혼들도 온라인으로 도울 수 있었습니다. 오프라인으로 할 수 없는 것들이 온라인을 통해 보완되는 효과를 누리며 온라인이라는 새로운 복음 전달 도구를 얻은 것 같았습니다.

무엇보다 겸손함을 배울 수 있었습니다. 코로나로 인해 사람의 힘으로 아무것도 할 수 없는 상황을 마주하며 지금까지 지내온 것들이 모두 다 하나님의 은혜이며, 앞으로도 하나님의 도우심이 없이는 한 발자국도 갈 수 없는 한계적인 인생의 모습들을 깊이 깨닫게 하셨습니다. 문제가 끝도 없는 광야와 같은 인생들이 시냇가에 심어진 나무와 같이 하나님의 도우심 가운데 살 수 있다는 존재론적인 감사가 많아졌습니다(시편 1편). 고난은 생각하게 하고, 절망은 기도하게 하며, 닫힌 문은 또 다른 문을 찾게 하듯이 하나님께서 어려운 상황 가운데서도 우리 가운데 선하게 일하심을 볼 수 있었습니다.

하지만 관계성이 없는 새로운 영혼들을 만나기는 정말 쉽지가 않았습니다. 한 학기 동안 거의 불가했다고 볼 수 있습니다.

어떤 선교단체는 SNS나 에브리타임에 홍보를 해서 몇 명을 만났지만 이후 오프라인에서 만남이 이루어지지 않아 연결이 쉽지 않았다고 합니다. 또 잠깐 대면 수업이 재개되었을 때에도, 마스크와 이어폰을 끼고 바쁘게 집으로 돌아가는 학생들을 그냥 바라만 볼 수밖에 없는 상황이었습니다. 하지만 이런 가운데서도 제가 다 파악할 수 없어서 그렇지, 올해도 20학번들과 연결이 되는 곳이 있었을 것이라는 생각이 듭니다. 저희 선교단체 모 학교를 섬기고 있는 어떤 간사님은 이번에 20학번들이 8명 정도 연결이 되어서 꾸준히 온라인으로 섬기고 있다는 이야기를 하였습니다. 2월 초에 잠깐 대면으로 만날 기회가 있었는데, 이때 만났던 20학번 영혼들을 위해 3월 초부터 '학교 대신 싸돌아다니기: 학교 건물 및 생활 팁 소개', '레포트 잘 쓰는 법', '시험 잘 보는 법' 등등 유튜브 영상을 꾸준히 제작하여 20학번 학생들이 궁금해할 것 같은 정보를 찍어서 올려주었다고 하였습니다. 그랬더니 그 친구들이 다른 친구들을 소개하고 이런 과정들을 통해서 점점 성경공부로 연결이 되었습니다. 그리고 이번 여름에 그 영혼들을 위해 특강을 준비했는데 몇몇 영혼들이 예수님을 영접하는 은혜가 있었다는 이야기를 들었습니다. 놀라운 이야기였습니다.

이사야서 6장 말씀이 떠올랐습니다. 이사야서에 보면 웃시야 왕이 죽자 나라가 어려워졌습니다. 물질적으로는 풍요로웠지만, 이스라엘 백성들은 감당할 수 없을 만큼 엄청난 죄 가운데 있었고, 열방들은 이 유다를 호시탐탐 노리고 있었습니다. 영육간에 어려운 그 시대를 살아가고 있던 이사야는 이런 상황이 너무 절망스럽고 마음이 답답해 성전에 기도하러 올라갔습니다. 그때 놀라운 광경을 목도하게 됩니다. 바로 영안이 열려 하나님 나라를 보게 된 것이었습니다. 하나님께서 저 높이 들린 보좌에 앉으셨는데, 얼마나 엄위하신지 세상을 붙들고 계시는 그의 옷자락은 성전에 확 펼쳐져 있었습니다. 또 하나님의 보좌 옆에 스랍 천사들이 날개로 자신을 가리며 주님을 찬양했습니다. "거룩하다 거룩하다 거룩하다 만군의 여호와여 그의 영광이 온 땅에 충만하도다"

이사야는 보좌에 앉아계신 하나님을 보며 희망을 보았습니다. "야~ 하나님께서 친히 저 높은 보좌에 앉아계셔서, 지금도 온 세계를 그분의 선한 뜻 가운데 통치하고 계시는구나. 내가 이 땅의 어찌할 수 없는 현실만 바라보고 절망하고 있었는데, 하나님을 바라보니 희망이 생기는구나!" 그는 살아계신 하나님의 통치를 목격할 때, 세상이 얼마나 작게 보이는지 마음의 두려움과 절망이 싹 사라져 버렸습니다. 저 역시 어려운 캠퍼스 상황을 놓고 기도할 때, 마음속 깊은 곳에서부터 근본적으로 염려하지 않게 되는 가장 중요한 까닭은 한 영혼을 구원하시고, 그 인생을 친히 인도하시는 분은 바로 하나님이라는 사실입니다. 우리가 하나님을 찾은 것이 아니라 하나님께서 우리를 먼저 찾아오셨고, 우리가 하나님을 알게 된 것이 아니라 성령께서 우리가 그분을 알도록 우리에게 역사해주셨기 때문에 우리가 주님을 알게 된 것입니다. 즉 복음의 주체자가 바로 하늘에 계신 하나님이시며, 오늘도 살아계셔서 그분의 구원 계획을 완성하실 때까지, 한숨도 쉬지 않으시는 바로 그 하나님의 열심으로 이루어진다는 사실입니다.

두 번째, 이사야는 거룩하신 하나님 앞에서 회개하였습니다. 그동안 이 하나님을 믿지 못하고 수없이 불신의 말을 뱉고 "아 힘들어. 하나님은 뭐 하시는 거지? 내가 이렇게 힘들게 섬기는 것 안 보시는 건가. 이렇게 말씀을 전해도 듣는 사람이 없고, 다 헛수고야~ 헛수고~ 캠퍼스는 도무지 소망이 안 보여~" 원망 불평하였던 입술의 범죄를 애통히 회개하였습니다. 하나님께서 이 불신적이고 부정적이고 교만한 모든 소리를 하늘에서 듣고 계셨다고 생각하니 아찔하였습니다. 쥐구멍이라도 있으면 들어가고 싶은 심정이었을 것입니다. 하지만 하나님은 그의 입술을 제단에 핀 숯으로 정결케 해주셨습니다. 그리고 안타까운 심정으로 나직하게 말씀하셨습니다. "내가 누구를 보내며 누가 우리를 위하여 갈꼬" 이사야는 그 시대를 소망 없는 시대로 바라보고 절망과 원망과 불평으로 탄식하였었습니다. 그러나 하나님은 그 시대에도 소망을 버리지 않으시고 죄 가운데 있는 영혼들을 어찌하든지 구원코자 하셨습니다. 하나님은 시대가 아무리 어둡고 소망이 없을지라도 포기치 않으시고, 그 시대마다 택하신 종들을 끊임없이 보내어 구원의 역사를 이루어 오셨습니다. 아무리 어려운 시대에도 바알에게 무릎 꿇지 않은 7000명이 있는 것처럼, 하나님께서는 그 남겨둔 자들을 통해 하나님의 복음이 다음 세대에 전해질 수 있도록 계획해 두셨습니다. 하나님께서 남겨둔 자들을 위해 외치도록 이사야를 부르신 것입니다. 결국, 한 영혼이 구원받는 것은 사람의 힘으로 되는 것이 아니라 잃어버린 양들을 끝까지 포기치 않고, 찾고 찾으시는 하나님의 긍휼로 되는 것입니다. 그런데 하나님은 이사야에게 "이사야야~ 니가 좀 가야겠다"라고 말씀하시지 않고 하나님의 고민을 말씀하십니다. "이 영혼들을 살려야 하는데, 누가 우리를 위하여 갈꼬." 하나님은 혼자 모든 것을 하실 수 있지만, 또 이사야에게 가라고 명령하실 수 있지만 그렇게 하시지 않으시고 "이 영혼들을 살려야 하는데 누가 우리를 위하여 갈꼬" 이렇게 말씀을 하셨을까요? 그것은 우리가 무엇을 잘하는 것보다도 하나님의 마음을 알기를 원하셨기 때문입니다.

말씀을 준비하며 영화 <쿼바디스>가 떠올랐습니다. 네로 황제로 인해 로마에 큰 핍박이 있었습니다. 많은 성도가 죽고 환난 가운데 있게 되었습니다. 그런 상황에서 당시 지도자였던 베드로는 더욱 위험한 상황에 처하게 되었습니다. 많은 사람이 이곳 로마는 상황이 안 좋으니 다른 곳으로 피신해 있으라고 하고 나중에 상황이 좋아지면 돌아오도록 하였습니다. 그렇게 로마를 빠져나와 피난길을 떠나는 베드로에게, 예수님께서 나타나셨습니다. 그리고 베드로가 떠나온 길을 되짚어 로마로 향하였습니다. 베드로는 예수님께 "아니 예수님 어디로 가시나이까. 쿼바디스 도미네?" 물었습니다. 그러자 예수님은 "십자가에 다시 못 박히러 로마로 간다. 네가 버린 양들을 위해서 내가 로마로 돌아가, 다시 십자가를 지고 죽으려 한다." 말씀하셨습니다. 이에 베드로는 가던 길을 멈추고, 다시 로마로 돌아가 환난 가운데 있던 영혼들을 돌보다 순교하였습니다. 코로나 19로 캠퍼스 상황이 어려워지자 저는 2학기도 어쩔 수 없지 않을까 하는 생각이 들었습니다. 나중에 상황이 좋아지면 그때 할 수 있지 않겠나 생각이 들었습니다. 그러나 연일 TV에서는 자살하는 사람들의 이야기가 끊임없이 들려왔습니다. 이 코로나 시국에 하나님을 믿는 사람들도 힘들어하는데, 하나님 없는 영혼들은 얼마나 힘들까? 캠퍼스 가운데도 마음 가운데 얼마나 답답함과 두려움 가운데 있는 영혼들이 많을까? 지금 만날 방법이 없다지만 하나님께서 하나님의 일을 하시지 않을까? 하는 생각도 들었습니다. 하지만 정작 제 현실은 심정 없이 로마를 등지고 간 베드로처럼 캠퍼스를 등지고 가고 있음을 발견하게 되었습니다. 주님은 이런 제게 말씀하십니다. "내가 누구를 보내며 누가 우리를 위하여 갈꼬".

"주여 제가 여기 있나이다 나를 보내소서" 주님 죄인이 심정 없음을 회개하고, 캠퍼스 한 영혼을 어찌하든지 구원하시고자 하시는 하나님의 마음을 덧입습니다. 그리고 그들을 구원할 하나님의 지혜를 간절히 간구합니다. 길을 열어주시도록. 성령께서 길을 열어주시도록 간구합니다. 보좌에 앉으신 주님께서 보고 계시고 일하고 계심을 믿습니다.

희망과 도전

2학기가 점점 다가오며 새로운 도전이 됩니다. 그리고 아래와 같은 상황을 묵상하며 희망을 품어봅니다.

첫 번째로, 하나님께서 일하고 계시고 예수님을 만나야 하는 영혼들이 여전히 이 시대 가운데 있습니다. 저희 형제 한 명이 기숙사 생활을 하는데 기숙사 안에 있는 편의점 사장 어르신이 20학번들이 자꾸 찾아와서 자신의 고민을 이야기한다고 하였습니다. 어디 정보를 얻을 수 있는 곳이 없어 답답해 편의점 사장님에게 과 선배들 연락처라도 알면 좋겠다는 이야기를 했다는 것입니다. 밤이 깊으면 별이 더욱 빛나는 것처럼 어찌 보면 지금 20학번들은 많은 어려움 가운데 있으니 오히려 그 영혼들을 섬길 기회가 더욱 많아질 수 있다는 희망을 보게 됩니다. 또한, 저는 지금 2학년 불신자 한 영혼을 돕고 있는데, 나이 늦게 군대 갔다 학교에 들어왔는데, 코로나로 인해 다른 학생들과 관계성을 맺지 못해 정보를 얻는 데 어려움이 있고, 또 대화를 해보니 인생의 깊은 상처가 있는 학생이었습니다. 그래서 대화를 하고 도와주니 방학 동안에도 꾸준히 나와서 성경공부하며 하나님에 대해서 관심을 가지고 나아오고 있습니다. 하나님은 많이는 아닐지라도 반드시, 남은 자들을 캠퍼스에 여전히 남겨두셨다는 생각이 듭니다.

두 번째로 '강제적으로 경험했던 비대면 시스템은 결국 대면 시스템으로 되돌아간다'라는 이야기들이 나오고 있습니다 (『빅체인지, 코로나 19 이후 미래 시나리오 』, 최윤식 저). 현재 코로나로 전 세계는 디지털 비대면에 대한 대규모 경험이 강제적으로 일어났습니다. 하지만 이 비대면은 사회적 논의와 토론, 세밀한 정책 검토가 충분히 이루어지지 않은 채 궁여지책으로 시행되었을 뿐입니다. 온라인 수업도 마찬가지입니다. 저자인 최윤식 박사는 비대면 경험은 일시적 현상이 될 가능성이 크고, 코로나 이후 변화에서 새로운 기회를 찾으려는 개인이나 기업에게 변화의 속도보다 빨리 움직이지 말라고 조언하고 있습니다. "성공은 변화 속도보다 빠르거나 늦어서는 얻을 수 없다. 변화의 방향과 속도에 적응해야 얻을 수 있다. 변하지 않고 코로나 19 이전으로 되돌아갈 것은 그것에 맞추어야 한다." 실제로 2학기 강의가 대면 수업으로 전환이 되고 있습니다. 온라인 수업은 어디까지나 보조적인 수단이지 대면을 할 수밖에 없는 상황입니다. 물론 장기적으로는 대학교들이 저출산 그리고 언택트, 온라인 시대에 맞추어서 점점 변화가 될 것입니다. 하지만 당장은 온라인 수업을 계속 지속하게 되면 교육의 질이 떨어지고, 사이버대학교와 경계가 점점 모호해질 뿐 아니라, 등록금 문제들, 휴학과 군 입대의 가속화로 인한 대학 공동화 현상이 생기는 등 여러 내외적 이유로 대학교는 대면 수업으로 전환을 하고 있는 것 같습니다. 생활방역이 지금처럼 어느 정도 잘 지켜진다면 앞으로 오랫동안 대면 수업을 감당할 수도 있을 것 같습니다. 결국, 연어가 고향으로 돌아오듯이 학생들이 캠퍼스로 돌아올 수밖에 없습니다.

학생들이 돌아오는 2학기를 맞이하는 이 시기, 무엇을 준비해야 하는가? 겸손히 기도할 수밖에 없습니다. 저희 선교단체는 특히 불신자, 교회를 다니지 않는 냉담자를 중심으로 전도를 하고 있습니다. 저는 작년에 전도하기가 쉽지 않아서 어떻게 전도를 해야 하는가? '전도'에 대해서 심도 있게 연구를 해보았습니다. 전도의 역사, 전도의 방법, 전도의 신학, 대형교회, 개척교회, 선교단체별 전도, 고구마전도, 진돗개전도, 모유전도, 전도폭발, 맞춤전도, 알파코스, 오이코스전도, 태신자 전도 등등 여러 자료를 찾아서 연구해보면 연구해볼수록, 결국은 전도는 사랑과 기도로 된다는 결론을 얻었습니다. 시대와 상황에 맞게 합당한 여러 방법이 필요하겠지만, 결국에는 사람은 하나님께서 보내주시기에 간절히 기도해야 하며, 하나님께서 우리를 통해 일하시기에 뜨거운 사랑이 있어야 하는구나! 어떻게 기가 막힌 방법을 통해서 사람들을 얻는 것이 아니라, 우리 복음을 아는 사람들이 맡겨진 자리에서 뜨겁게 기도하고, 한 영혼을 향한 불타는 사랑이 있다면, 언제나 하나님께서는 그 사람들이 가지고 있는 어떤 달란트들과 그 상황들을 쓰셔서, 영혼들을 보내주신다는 확신이 들었습니다. "하나님의 지혜에 있어서는 이 세상이 자기 지혜로 하나님을 알지 못하므로 하나님께서 전도의 미련한 것으로 믿는 자들을 구원하시기를 기뻐하셨도다" 고린도전서 1장 21절 말씀처럼 문제는 캠퍼스 상황에 있는 것이 아니라, 제자도가 점점 사라져 가고 있는 우리 학생 리더들 그리고 그것을 잘 가르치지 못하는 바로 저에게 있다는 것을 통감하게 됩니다. 이 타락하고 영적으로 소망이 없어 보이는 이 캠퍼스를 감당하기 위해서는 이만큼의 역량이 필요할 것 같은데, 현실은 가난한 머루 송이 같아 보입니다. 학생들은 다시 돌아오게 될 것인데 저는 맞이할 준비가 되어 있는가 생각할 때 참으로 부족한 자신을 발견하고 회개하게 됩니다. 하지만 시대는 항상 어려웠지만, 하나님은 그때도 일하셨습니다. 제가 맡은 저희 학생들과 저 자신을 돌아볼 때 '가난한 머루 송이'라는 생각이 계속 들지만, 하나님은 여전히 말씀하십니다. "내가 누구를 보내며 누가 우리를 위해 갈꼬" 하나님의 역사는 이 부르심에 단순히 순종하는 사람들을 통해서 이루어져 왔습니다. 능력이 많고 똑똑한 사람을 부르시는 것이 아닙니다. 무슨 대단한 자격이 필요하지도 않습니다. 다만 하나님의 안타까운 음성을 듣고 그 부르심에 순종하는 자들을 통해서 놀라운 생명 구원 역사를 이루십니다. 한 사람의 결단과 순종이 그 당시에는 작아 보일지라도 하나님께서 이것을 꼬투리로 크게 축복하실 것을 믿습니다. 이 무너진 캠퍼스를 섬기기 너무나 부족한 자이지만 한 가지 할 수 있는 것은 계속 이 부르신 자리에 서 있는 것입니다. 풍부한 머루가 아니라 가난한 머루이지만 그 머루라도 필요하면 드리기 원합니다. 탁월하게 무엇인가를 잘할 수는 없지만, 그 자리에 거기 그곳에 있으라면 끝까지 있겠습니다. 열매가 적어 보여도, 이사야가 경험한 시대처럼 거의 없어 보여도, 주님께서 계속 캠퍼스에서 복음을 외치라면 계속 외치겠습니다. 계속 서 있으라면 계속 서 있겠습니다. 비가 오나 눈이 오나 이곳에 있겠습니다. 그러다 보면 인생을 힘겹게 지나가는 한 영혼, 한 영혼들이, 거기 여전히 서 있는 작은 나무에 맺어져 있는 그 작은 머루들을 먹고 힘을 얻고 영적인 눈을 떠 주님을 만날 수 있음을 믿습니다.

맺음말

  말씀을 맺겠습니다. 나무가 베임을 당하여도 그루터기는 남아 있는 것과 같이 여전히 말씀을 듣고 남은 자가 있음을 믿습니다. 아무리 어두운 시대라 할지라도 하나님께서는 남은 자들을 남겨두셨고 이렇게 남은 자들을 통하여 하나님은 여전히 일하심을 믿습니다. 그러므로 희망을 가지고 포기치 않고 죽어가는 영혼들에게 하나님의 말씀을 전해야 합니다. 하나님께서 그 부르신 자리에 우직하게 서 있는 사람들을 통해 일하실 것을 믿습니다. 제가 그런 삶을 계속 살 수 있기를 기도합니다.